MANUEL

DU CAVALIER.

Cochin in
Lalive de Jully sculp.

MANUEL
DU CAVALIER,
A L'USAGE
DE LA COMPAGNIE
DES
GRENADIERS A CHEVAL.
DU ROI.

Par M. LA L. de S. Meſtre de Camp
de Cavalerie, & Lieutenant de ladite
Compagnie.

A PARIS,

Chez V. DELORMEL & FILS,
rue du Foin, S. Jacques.

M. DCCLII.

Avec Approbation & Permiſſion.

AUX
GRENADIERS.

DEPUIS que je sers dans la Compagnie, je me suis fait un vrai plaisir de placer à Cheval les Grenadiers qui y sont entrés depuis moi. J'ai trouvé dans ceux qui ont reçû de mes leçons, dont le nombre compose aujourd'hui la plus grande partie de la Compagnie, tant de volonté, d'application & un si grand zèle pour apprendre dans ce nouveau Service, toutes les choses qu'il étoit nécessaire qu'ils fçuſſent, pour ſervir à Cheval avec la même diſtinction qu'ils ont ſervi à pied ; que non-ſeulement j'ai été plus que dédommagé des peines que cela a pû me donner, mais que j'ai encore ſenti combien il étoit du bien du Service du Roi, d'aider la bonne volonté qui régne généralement dans la Compagnie.

Ces motifs m'ont engagé à compoſer ce petit Ouvrage, dans lequel j'ai tâché de raſſembler tout ce que j'ai cru pouvoir vous être utile. C'eſt à vous, mes Amis, à qui je le dédie ; recevez-le comme un gage de mon amitié

& de la véritable eſtime
que j'ai pour vous. Si vous
me ſçavez quelque gré des
ſoins que je me ſuis donné,
vous ne pouvez mieux me
le faire connoître, qu'en liſant ſouvent ce Manuel, &
en faiſant votre profit de ce
qu'il contient.

SI contre mon intention, ce petit Ouvrage tomboit en d'autres mains que celles des Grenadiers, les Lecteurs s'appercevront aisément, que je ne me pique ni de stile, ni d'erudition. Il ne m'a gueres été possible d'eviter de tomber dans plusieurs repetitions. Si j'ai péché contre les regles de l'art de monter à Cheval, je demande aux gens consommés dans cet art, toute l'indulgence que peut espérer un Officier, qui depuis trente années, n'a servi que dans l'Infanterie ou dans les Grenadiers à Cheval.

INSTRUCTION

POUR

LES GRENADIERS

A CHEVAL

DU ROI.

CHAPITRE PREMIER.

Qualités que doit avoir un bon Cavalier.

LA premiere qualité que doit avoir un bon Cavalier, c'eſt d'aimer ſon Cheval & de s'en faire aimer ; pour cela il faut beaucoup de douceur, & ſe

A

mettre bien dans l'esprit que rien ne rend un Cheval difficile & méchant, comme de le mal-traiter, & de lui parler rude-ment ; par la douceur, les ca-resses, & en leur donnant sou-vent à manger à la main : quel-quefois un morceau de pain, on vient à bout de rendre doux & familiers les Chevaux les plus farouches & de les amener au point de faire volontiers ce que l'on veut. Il ne faut jamais ap-procher un Cheval, ni le tou-cher, qu'on ne lui parle aupa-ravant.

CHAPITRE II.

Du Panſement & des Détails qui y ont rapport.

RIEN ne contribue davantage à entretenir un Cheval gras & ſain, même avec une nourriture médiocre, que d'être bien panſé. L'Etrille, la Broſſe, & le Bouchon ouvrent les pores, aident la tranſpiration, & empêchent qu'il ne ſe forme une craſſe ſur le cuir qui cauſe des démangeaiſons, quelquefois la galle, & fait maigrir le Cheval.

La premiere choſe qu'il faut faire en entrant dans l'Ecurie ; c'eſt de lever la litiére avec une fourche de bois, ſeparer la paille nette d'avec la fale & balaïer fous les Chevaux , la propreté de l'Ecurie étant une chofe effentielle.

Maniére d'Etriller.

L'Etrille doit toujours marcher à rebrouffe poil; il faut commencer à etriller par la Croupe; tenant le manche de l'Etrille de la main droite , & la queue du Cheval de la main gauche , & commençant par la Croupe , aller tout le long du corps , toujours à grands coups , étendant & deploïant bien fon bras fans appuïer rudement , mais aifément & légérement. Pour étriller le Ventre , les Côtes , & les Reins ; il faut avoir attention de fe placer contre l'Epaule pour éviter que le Cheval ne donne un coup de pied en Vache , quand il fent l'Etrille le long des flancs.

Il y a auffi des Chevaux qui cherchent à mordre quand ils fentent l'Etrille au poitrail & aux défauts des Epaules. La façon de s'en garantir ; c'eft de les attacher fort court. Quand on aura donné cinq ou fix coups d'Etrille , il faut frapper contre le pavé ou fur une des Barres afin d'en faire fortir la craffe.

Il faut étriller jufqu'à ce que l'Etrille n'améne plus de craffe. Enfuite avec l'Epouffétte on epouffétte légérement le corps du Cheval pour en faire fortir la craffe.

Il eft bon de fe fervir auffi du Bouchon , furtout dans les endroits où le Cheval eft chatouilleux ; comme aux jarrêts entre

les jambes de devant, fur l'épine
du dos, & près du fourreau.

Il faut éviter de faire aller
l'Etrille fur ces parties ; ce qui
pourroit faire ruer ou mordre les
Chevaux les plus doux. Puis on
fe fert de la Broſſe dont on tire
la craſſe avec l'Etrille à chaque
coup.

Il faut broſſer la Criniére deſ-
fus & deſſous, ainſi que le Toupet, & faire entrer la Broſſe
dans les crins.

Le Cheval ſuffiſamment broſ-
fé, il faut avec l'Epouſſétte luî
frotter la tête, le tour des oreilles, le dedans des jambes de
devant, & l'entre - deux des
cuiſſes.

Lorſqu'il eſt panſé, on lui dé-
mêle les Crins & la Queue avec
un peigne dont les dents ne
ſoient point caſſées, & où l'on

a mis un peu d'huile pour le rendre plus coulant.

On mouille auſſi la racine des
Crins & de la Queue avec une
éponge en peignant : obſervant
qu'il ne faut peigner que le haut
de la Queue journellement. Tous
les quinze jours ſeulement on
pourra la déméler e tiérement
avec beaucoup de précaution
pour ne point caſſer de crins : ce
qui la gâteroit à la fin.

Il eſt bon, quand on en a la
commodité, de la tremper dans
un ſeau d'eau juſqu'au tronçon,
& de la frotter avec les deux
mains pour en ôter la craſſe.

Il eſt encore néceſſaire de net-
toïer les yeux, le fourreau, &
le fondement du Cheval avec
l'Eponge mouillée.

Enfin avec une Epouſſétte ſé-
che on eſſuïe la queue, les feſ-

ſes , la croupe , les crins , l'encolure , & la tᵉte , afin d'unir le
poil ; & on tient le Cheval couvert à l'Ecurie pendant le jour
pour le tenir chaudement , &
entretenir le poil uni & luiſant.

Les Grenadiers auront ſurtout
grande attention à netoïer les
paturons de leurs Chevaux ,
crainte que la craſſe n'y faſſe venir des crevaſſes , & autres accidens. Il faudra couper le poil à
ces endroits aux Chevaux qui y
en ont beaucoup. Il ſuffira du
Bouchon , frottant en travers à
ceux qui en ont peu.

Il faut faire le Crin & raffraî-
chir les Queues toutes les ſix ſe-
maines en Hiver , & tous les
mois en Eté.

On ne doit couper de la Criniére que la place juſte de
la Tètiére du Licol, & de la

Bride. On ne doit jamais couper rien au Toupet, ni au Fanon, qui eſt le Toupet de crin qui pend à l'extrêmité du boulet, tombant ſur le paturon.

Quand on fait les oreilles à un Cheval, il faut y aller fort doucement ; cette partie etant des plus ſenſibles. Si l'on battoit un Cheval à cauſe qu'il remueroit un peu, on le rendroit très-difficile, & tous ceux qui ne veulent pas ſe laiſſer prendre l'oreille, ont certainement été battus lorſqu'on leur faiſoit le crin, ou ont été bleſſés par le Torchenés.

Pour que les oreilles ſoient proprement faites, il faut qu'elles ſoient bien nettoïées en dedans, & que la bordure ſoit bien égale ; de la largeur de trois écus de ſix livres au plus, & la pointe un peu plus.

Les Grenadiers qui auront de jeunes Chevaux les accoutumeront en leur maniant fouvent les oreilles, & en leur faifant entendre le mouvement & le bruit des cifeaux ; évitant furtout de les battre, s'ils faifoient quelque difficulté ; car cela les rendroit pour toujours difficiles à faire le crin.

Il faut néceffairement arracher aux Chevaux des grands poils qui leur viennent au-deffous des yeux, & qui les empêchent de voir les objets tels qu'ils font : ce qui pourroit les rendre ombrageux.

Il y a des Chevaux qui ont tant de poil fous la ganache, qu'on eft obligé de le rafer ou de le couper avec des cifeaux. A ceux qui en ont moins, on fe contente de les leur bruler : ce qu'il faut faire hors de l'Écurie, crainte d'accident du feu.

Il faut couvrir les yeux du Cheval avec une Epouſſette ; & avec une chandele allumée qu'on approche avec beaucoup de ménagement, on brule les plus longs poils, prenant bien garde de bruler le Cheval. Cela doit ſe faire à pluſieurs repriſes.

L'Encolure des Chevaux qui ont la criniére trop épaiſſe, eſt ſujette à verſer ; c'eſt-à-dire, que le poids du crin l'entraîne du côté où il pend, quand on n'a pas la précaution d'en arracher le ſuperflus.

Il faut que les Grenadiers aïent ſoin de graiſſer de tems en tems la couronne des pieds de devant de leurs Chevaux pour entretenir la corne liante. Le cambouïs eſt très - bon pour

cela : il eſt aiſé d'en avoir par-
tout.

Les pieds de derriére étant
toujours dans la fiante, on peut
ſe diſpenſer d'uſer de ces précautions, à moins que cela ne
devînt néceſſaire par quelque cas
extraordinaire.

C'eſt un abus très-grand de
mettre ſouvent de la terre glaiſe
dans les pieds des Chevaux : elle
amolit trop la corne, empêche
que les fers ne tiennent : ce qui
oblige par conſéquent de remettre ſouvent des cloux, & ce
cloutaillement gâte entiérement
les pieds.

Il eſt eſſentiel, avant de donner à manger aux Chevaux, de
délier les bottes de foin & de
paille, & de les ſécouer pour en
ôter la pouſſiére, ainſi que de
vanner l'avoine.

Le Grenadier qui panse pour son Camarade, doit y apporter la même attention qu'il emploie à panser son propre Cheval. Les Camarades des Abfens doivent voir tous les jours fi les Palfreniers font leur devoir.

Il ne faut point donner trop de longe aux Chevaux, parce qu'ils peuvent plus aifément fe prendre dedans, & que le trop de liberté leur donne la facilité de mordre & de ruer les Chevaux qui font à côté d'eux. Il fuffit qu'ils en aïent affez pour atteindre au ratelier & fe coucher.

Les Grenadiers ne doivent jamais oublier, quand ils ont donné à fouper à leurs Chevaux, d'examiner s'ils ont affez de longe pour fe coucher.

Dès qu'un Grenadier s'apper-

cevra que fon Cheval ne boit &
ne mange pas bien, ou qu'il lui
fera arrivé quelqu'autre accident, il doit fur le champ avertir le Chef d'Ecurie & le Maréchal.

Toutes les fois que la Compagnie montera à cheval, foit pour
faire l'Exercice, foit pour aller
promener, les Chefs d'Ecurie
auront foin de donner ordre aux
Valets de tirer de l'eau pendant
que la Troupe fera dehors, afin
que les Grenadiers puiffent en
arrivant laver avec l'éponge les
jambes de leurs Chevaux, aïant
attention, s'ils ont chaud, de ne
pas aller plus haut que les jarrets
& les genoux : cet ufage conferve les jambes. Comme la propreté contribue beaucoup à la
fanté du Cheval, il faudra auffi
effuïer les yeux avec l'éponge

mouillée, le fourreau, le tour
de la bouche, les nazeaux, la
queue, le crin, & le fondement.

CHAPITRE III.

Les Précautions que les Gre-
nadiers doivent prendre
avant & pendant une
Route.

TOUT Grenadier foigneux
doit avant le départ de la Compagnie , examiner s'il ne manque rien à la felle & à la bride ,
& fi fon Cheval eft bien ferré &
à fon aife.

Lorfqu'après une journée chaque Grenadier eft arrivé à fon
Ecurie , il faut avant d'y faire
entrer fon Cheval qu'il aïe la
précaution d'ôter fon fufil , &
fes piftolets. Il doit enfuite ôter
la gourméte & relever les étriers,

défaire

défaire le poitrail, la croupiére,
& lâcher un peu les sangles. (Il
ne faut pas dessangler les Chevaux sujets à se blesser aisément.)
Il doit aussi voir si l'auge est nette, ainsi que le ratelier : s'il y
restoit du foin, ou d'autre fou-
rage, il faut qu'il l'ôte, crainte
que quelque Cheval mal sain y
ait touché : puis il attache son
Cheval avec les renes de la bride au ratelier, de façon qu'il ne
puisse pas frotter son mors contre l'auge, fausser les branches,
& gâter les boissettes.

Il est très bon de laisser les
Chevaux bridés au moins une
bonne heure après être arrivé.
Ils en ont meilleur appétit, &
se ressuïent mieux s'ils ont chaud.

Comme il n'y a guére d'écurie à portée de laquelle il n'y
ait de l'eau, il sera aisé aux Gre-

B

nadiers d'en avoir & de laver, le plutôt qu'ils pourront, après être arrivés, les jambes de leurs Chevaux, depuis les pieds jusqu'aux genoux à celles de devant, & depuis les pieds jusqu'aux jarréts seulement à celles de derriére, prenant bien garde de les mouiller plus haut, sur-tout au ventre & aux flancs, s'ils avoient chaud.

Cette méthode est bien meilleure que celle de bouchonner les jambes; car l'expérience fait voir qu'en les frottant, les humeurs mises en mouvement par le travail, tombent & se fixent sur les jambes, les rendent roides & les font souvent gorger.

L'eau froide au contraire resserre les humeurs, en empêche la chûte, & conserve les jambes saines. Les Grenadiers se ressouviendront que ceci ne sçauroit se faire trop tôt après qu'on est arrivé.

Il faut aussi laver les yeux, le dedans des nazeaux, le tour de la bouche avec une éponge trempée dans de l'eau nette, & de la même éponge bien imbibée laver le fourreau, & le fondement du Cheval. Cette propreté est essentielle pour ôter la poussiére ou l'ordure qui s'attache à ces parties. Il est bon aussi de tremper la queue dans un seau d'eau pour en ôter la crotte ou la poussiére.

On donne ensuite un coup de bouchon entre les cuisses, entre les jambes de devant & sous le ventre. Si l'on peut avoir de la paille fraîche, on en jette sous le Cheval pour l'exciter à pisser : ce qui le délasse.

Il faut encore avec un cure-pied, ou un couteau qui ne ſoit pas pointu, ôter la terre ou le gravier, qui eſt dans le pied, qui fait ſécher la ſole quand elle y ſéjourn , quelquefois fait venir des bleimes , & rend le Cheval boiteux. En même tems on regarde s'il ne manque point de cloux, ou s'ils ne ſont point trop uſés ; auquel cas il faudroit en faire mettre deux à chaque pied de devant , pour empêcher le Cheval de gliſſer. Si l'on étoit obligé de marcher par la pluïe & dans des terrains gliſſans. Cette précaution empêche les écarts & les chûtes qui pourroient être funeſtes au Grenadier & au Cheval.

Quand on marchera dans les tems chauds & ſecs , il faudra avoir attention de graiſſer la cou-

ronne des pieds, & les soirs de
mettre de la fiante mouillée dedans, sans quoi la corne se sé-
cheroit au point que les cloux ne
tiendroient pas.

Il faut aussi avoir soin de bien
laver la bride dans de l'eau nette, & de l'essuïer après : ce qui
la conserve propre & luisante.
Quand on a dessielé son Cheval,
on lui donne un coup de bouchon sur la longue des deux côtés ; après quoi l'on examine si
les panneaux de la selle ne sont
point pleins de sueur ; alors on
les met sécher au soleil, ou au
feu, on les bat ensuite avec une
baguette : ce qui empéche la
selle de fouler le Cheval.

Il ne faut desseler & faire boire que lorsque le Cheval est absolument sec, surtout dans les
tems froids.

Les premiéres journées d'une route, il faut avoir grande attention de ne pas bourrer les Chevaux de nourriture ; ce qui leur cauferoit des indigeftions, des coliques, des tranchées vives, & pourroit les faire crever. Il faut leur donner à manger peu à la fois, & les premiers jours n'excéder que médiocrement la nourriture ordinaire du quartier ; l'avoine furtout doit fe donner avec beaucoup de ménagement, principalement après une forte journée. Si on en donnoit beaucoup les premiers jours, il feroit à craindre que les Chevaux s'en dégoutaffent. On peut donner l'ordinaire un peu plus fort le matin : les Chevaux font repofés, ils la mangent bien, & ils font mieux en état de foutenir la journée qu'ils ont à faire.

Il faut auffi prendre bien garde de faire boire trop matin, furtout dans les endroits où les eaux font dures & crues.

Les Grenadiers qui feront obligés de partir avant la Troupe, & par conféquent de faire boire de très-bonne heure, auront attention de fe précautionner d'eau le foir pour le lendemain matin ; & fi c'eft de l'eau de fontaine ou de puits, ils tremperont plufieurs fois leurs mains dedans pour en diminuer la crudité. Ils mettront dans le feau ou le baquet une poignée de foin.

Les jours de féjour doivent être emploïés à l'examen général de tout l'Equipage, à le nettoyer & à le faire fécher, fuppofé qu'on eut effuïé de la pluie ou de la boue.

Comme il y a un Maréchal attaché à la Compagnie, je ne dirai que deux mots de ce qui regarde la ferrure.

Le Maître Maréchal ne peut
pas suffire pour tous les Chevaux de l'Escadron : il peut fort
bien aussi avoir des Garçons
nouveaux. C'est pourquoi les
Grenadiers auront attention à
quatre choses ; la première, si
c'est pour remettre des cloux ,
d'avoir soin de le faire remettre
dans les vieux troux ; s'ils étoient
obligés de faire ferrer à neuf, de
bien prendre garde que le Gar-
çon Maréchal n'ôte trop du talon , en parant les pieds de devant ; ne pas souffrir aussi qu'il
mette le fer trop chaud pour
l'ajuster : ce qui affame entiérement les pieds des Chevaux.

Il faut surtout empêcher que
le

le Maréchal ne maltraite le cheval, suppofé qu'il fit quelque mouvement lorfqu'on frappe les cloux. La brutalité des garçons Maréchaux eft fouvent caufe des accidens qui arrivent à la forge, & l'origine des difficultés que les chevaux font de fe laiffer ferrer.

Puifque nous en fommes fur la ferrure, je fuis bien aife de donner ici aux Grenadiers les moyens d'éviter les accidens qui pourroient leur arriver lorfqu'ils font ferrer leurs chevaux.

Quelques jours avant de faire ferrer fon cheval, il faut avoir foin d'amollir la corne, foit en mettant dans les pieds de la terre glaize ou du crottin mouillée. Cette précaution eft d'autant plus néceffaire qu'il peut arriver des accidens fâcheux à celui qui tient le pied, & au cheval, parce que la corne étant dure, le Maréchal fait des efforts pour la couper. Il arrive souvent que le boutoir s'échappe & blesse celui qui tient le pied, ou va estropier le cheval. Quand on tient les pieds de devant il suffit de tenir ferme avec les deux mains, observant de baisser les poignets pour éviter d'être blessé par le boutoir.

Si ce sont les pieds de derriere, il faut appuyer le boulet, & la jambe du cheval sur la cuisse, passer un bras par-dessus le jarret, se tenir le corps un peu en arriere, être pieté ferme, & tenir bon si le cheval donnoit quelques saccades, & si on étoit obligé par de trop violentes secousses de lâcher, il faut se retirer du côté de l'épaule du cheval pour éviter un coup de pied.

Quand on n'a pas accoûtumé
les chevaux de bonne heure à
leur lever les pieds , & frapper
deſſus , il s'en trouve de très-difficiles à ferrer ; c'eſt à-dire , qui
ne veulent pas qu'on leur leve
les pieds ou qu'on frappe les
cloux.

Aux uns un torche-né ſeul ſuffit pour les faire tenir tranquilles : d'autres ne veulent point
être attachés , & ſe laiſſent
ferrer en les tenant ſans géne par
le bout du licol.

Il y en a qui ſe laiſſent ferrer ;
pourvû qu'ils ſoient dans leur
place à l'écurie :

D'autres : quand il y a quelqu'un monté deſſus :

On met une bale dans l'oreille à quelques-uns , ou le torchenez à l'oreille.

Il y en a de ſi difficiles qu'on

ne peut les ferrer que dans le travail.

A d'autres on met une plate longe qui tient la queue au pied de derriere , & pour le pied de devant on met une plate longe qu'on paffe par-deffus le dos , & un homme tient le pied levé en tirant à lui , & n'eft point en danger.

En prenant les précautions dont je parle dans le chapitre qui traite de la façon d'aprivoifer les jeunes Chevaux ; il ne s'en rencontrera point de difficiles à ferrer.

CHAPITRE IV.

Concernant plusieurs choses qu'il est utile aux nouveaux Grenadiers de sçavoir pendant la guerre & lorsque la compagnie campe.

DE la façon d'établir l'Ecurie.

NOs Chambrées en Campagne n'étant que de quatre Grenadiers . par conséquent les piquets de chaque Chambrée de quatre Chevaux. Les Grenadiers qui établiront le piquet, commenceront par prendre un intervale de quatre pas mesurés, qui est la distance qu'il faut pour quatre Chevaux ; car pourvû qu'un Cheval au piquet ait dequoi se coucher, cela suffit : quand les Chevaux font trop au large, ils peuvent plus aisément se rüer & s'eftropier.

Il faut que les Grenadiers se précautionnent de bons piquets d'une longueur convenable, suivant la nature du terrain dans lequel on eft campé ; c'eft-à-dire, beaucoup plus longs dans un terrain mol, que dans un sec.

Il faut bien frapper les piquets, afin que les Chevaux ne puiffent pas les arracher, il ne faut pas qu'ils foient trop élevés de terre, la bonne hauteur eft jufqu'a celle du poitrail ; ayant grande attention de ne point laiffer de chicots à la tête des piquets : ce qui pourroit bleffer les Chevaux aux yeux.

La corde qui ſerre les piquets & forme l'enceinte de l'Ecurie, doit être bien tendue. Il faut autant que faire ſe pourra, fermer l'Ecurie par les deux côtés.

Une choſe à laquelle on ne ſçauroit trop avoir attention, c'eſt de faire, quand on en a la commodité, une eſpece d'auge avec de petits piquets & des branches entrelaſſées, comme quand on fait un gabion ; afin que le vent n'entraîne pas le fourrage, & que les Chevaux ne le tirent pas ſous les pieds.

Il eſt encore important d'élever un peu cette auge avec des gazons ou des morceaux d'arbres ; de façon qu'elle ſoit au moins à un pied de terre : car l'expérience fait voir que les Chevaux de Troupe, qui ſont pour l'ordinaire d'une grande taille, sont obligés d'étendre une jambe en avant, & de déplier l'autre pour pouvoir manger à terre ; ce qui les fatigue horrible-ment du devant.

Il seroit à souhaiter qu'on pût faire des abris du côté des vents froids dans les Camps à demeure, & dans l'arriere saison, cela est bien important pour éviter des fluxions & des morfonde-mens.

Les plus surs & les meilleurs, sont ceux qui se font avec le fumier, & la terre qu'on ôte en nettoiant l'Ecurie : y ajoutant quelques gazons, si on peut en avoir à portée, car les feuillées sont bien dangereuses pour le feu.

Quand il se trouvera à quelques piquets des Chevaux in-commodes & méchans, il faut que les Grenadiers à qui ils appartiendront, faſſent l'impoſſible pour avoir des barres. Partout où il y a du bois, cela eſt fort aiſé. Quand il eſt rare, on a recours aux Villages, & avec la permiſſion des Officiers Généraux qui y ſont logés, on en peut trouver.

Les Grenadiers ne ſçauroient trop prendre de précaution pour que les licols de leurs Chevaux ſoient ſolides, ſur tout les longes & les anneaux où elles ſont attachées.

Comme le vert agace les dents des Chevaux, ils s'amuſent à ronger le cuir : c'eſt pourquoi je crois que les longes de corde, mêlée de crin, ſont les plus ſolides, celles de fer ſont plus peſantes & plus ſujettes à caſſer.

L'envie de bien ſervir le Roi

& l'honneur doivent engager les Grenadiers à redoubler d'attention & de soin en Campagne, pour maintenir en bon état leur Selles & tout l'Equipage des Chevaux.

Il ne faut jamais rien mettre sur les panneaux des Selles qui puissent les fouler & y former des durillons. Si l'on n'a pas grande attention à essuyer les sangles & à les tenir séchement, elles se pourriront très-vite.

Dans les grandes chaleurs il faut graisser souvent les cuirs, pour qu'il ne se racornissent pas. Cette attention est sur-tout nécessaire pour la bride, le poitrail & la croupiere.

Je ne dirai rien ici de l'entretien des armes des Grenadiers, le bon état dans lequel nous les avons toujours trouvées en Campagne à nos infpections, nous eft une preuve fuffifante qu'on n'a rien à dire fur cet article.

Voici feulement deux précautions que je leur confeille de prendre. La premiere c'eft d'avoir attention qu'on ne mette point de colle aux bouts des fourreaux de leurs Sabres; parce que cette colle prend de l'humidité, & fait rouiller la pointe: ce qui gâte entierement les lammes. Il faut auffi qu'ils recommandent aux Fourbiffeurs de tenir les fourreaux un peu aifés, parce que quand ils font juftes, l'humidité qui fe met dans le bois & le cuir, les refferrent, & empêchent de mettre aifément le Sabre à la main.

La feconde précaution que je crois très-utile; c'eft de mettre

un petit morceau de cuir , fait à
peu près comme le pouce d'un
gand sur la platine du fusil , attaché à la sousgarde avec deux petits cordons , ce qui empêchera
les accidens qui pourroient arriver si la détente se faisoit à quelque fusil , la Troupe étant à
Cheval.

Le mouvement du Cheval en
marchant secoue les Pistolets
dans les fontes , ce qui fait couler les charges. Pour remédier à cet inconvénient , les Grenadiers se précautionneront de
petites baguettes qu'ils mettront
dans le canon de leurs pistolets ;
observant qu'elles débordent le
canon de l'épaisseur de deux écus
seulement ; ce qui retiendra les
bourres fermes , & empêchera
par ce moyen qu'il n'y ait de l'air

entre la poudre & la bale. Tout
le monde sçait que cela est ca-
pable de faire crever un Pisto-
let.

CHAPITRE V.

Du Fourrage & des atten-
tions qui faut avoir.

CHAQUE Chambrée doit
avoir une faulx avec un manche
qui soit commode à porter, &
touts les ustencilles nécessaires
pour la tenir en état ; comme
pierre, enclume & marteau.

Il faut que la lamme de la faulx
soit attachée à un morceau de
bois fort leger ; creusé dans toute sa longeur, qui couvre & en-
ferme le taillant. Il doit y avoir
à cette espece d'étui trois cordons ou attaches, un à chaque
bout & un au milieu. Quand la

faulx fera bien ferrée par le moyen de ces attaches, il ne peut arriver aucun accident & la lamme fe conferve.

Chaque Grenadier doit fe fournir d'une paire de trouffieres, au bout defquelles il doit y avoir des paffans de bois, dont les trous foient beaucoup plus larges que la groffeur de la corde.

Les nouveaux Grenadiers apprendront facilement de leurs camarades à bien faire les trouffes.

Une attention bien grande que doivent avoir les Grenadiers lorfqu ils font à fourrager, c'eft de ne point attacher leurs Chevaux par la bride à des hayes ou à des arbres ; parce que s'il furvenoit quelque défordre pendant le fourrage, ils courroient rifque de les perdre. Les Che-

vaux épouvantés caſſent leurs
brides & ſe ſauvent. Pour ne pas
tomber dans ce cas-là , il faudra
qu'un Grenadier de chaque
Chambrée tienne les Chevaux
tandis que les autres faucheront ,
& feront les trouſſes. Comme
il y a plus de peine à l'un qu'à
l'autre , ils pourront ſe relever.

Pour bien charger une trouſſe , il faut d'abord l'enlever
droite , enſuite approcher le
Cheval tout contre , puis l'élever du bout qui poſe à terre & la
charger droite ſur le dos du Cheval. Après quoi il faut la rompre un peu du milieu , ce qui
ſe fait en peſant ſur les deux extrêmités. Quand on eſt monté
ſur ſa trouſſe il faut ſe pancher
du côté où beſoin eſt pour la tenir en équilibre.

C'eſt une folie bien grande
que

que de faire des trousses trop fortes, outre qu'on risque d'éreinter
les Chevaux, le fourrage verd
ne se conserve point, il s'échauffe, où se pourrit. Il faut donc
que les trousses soient propor-
tionnées à la force des Chevaux,
à la pésanteur du fourrage, au
chemin qu'on a à faire pour arriver au Camp, & au tems pour
lequel on a indiqué le fourrage.
Quand on est au verd, on fourrage souvent; ainsi il est inutile
de crever les Chevaux à faire des
magasins.

D

CHAPITRE VI.

Des différentes espéces de fourrages verd & des précautions qu'ils demandent.

LEs premiersfourrages verds qu'on coupe, font les faigles & l'herbe.

L'herbe fraîche eft très-bonne, elle rafraîchit les Chevaux, les fait foirer & les purge.

Tant que le feigle eft tendre, il eft affez bon. Mais quand il commence à durcir, & que les Epics ont des barbes, il devient une mauvaife nourriture. Les barbes fe fourrent entre les lé‑ vres & les gencives des Che‑

vaux, les écorchent & les font
baver. Le feul moyen de les
foulager en pareil cas! c'eſt de
tirer le plus qu'on peut de ces
barbes, & avec un bâton couvert d'un linge trempé dans du
vinaigre, dans lequel on a jetté
un peu de fel, leur nettoyer les
gencives & les lévres.

Le Trefle eſt un excellent fourrage, auquel il faudra toujours
donner la préférence, quand on
fera à portée d'en avoir. Il raf-
fraîchit, fait beaucoup piſſer,
engraiſſe & donne de la force
aux Chevaux ; parce qu'il a plus
de ſubſtance que les autres fourrages verds.

L'Orge verd eſt encore très-
bon, mais il n'eſt pas commun.

Le Froment verd eſt une bonne eſpece de fourrage.

L'Avoine verte ne commence

à être bonne, que quand elle eſt
en grappe.

Les autres fourrages verds
ſont les pois, les lentilles & la
veſſe, également mauvais, parce qu'ils ſont ſujets à donner des
tranchées. La Veſſe ſur-tout
échauffe au point de donner le
feu, & de rendre les Chevaux
fourbus. Comme en Campagne
on n'eſt pas toujours à portée de
choiſir, lorſqu'on ſera forcé d'u-
ſer de ces fourrages, il faudra
redoubler d'attention & prendre
les précautions ſuivantes.

Quand les Chevaux mangent
le verd, il faut donner à manger peu & ſouvent, parce que
les Chevaux aiment beaucoup le
verd, qu'ils le mangent très-
goulument, & ſans beaucoup
mâcher ; ce qui leur cauſe des
indigeſtions & des tranchées.

Une autre raison qui oblige à donner peu de fourrage verd à la fois ; c'est qu'il s'échauffe , & que les Chevaux n'en veulent plus quand ils ont soufflé dessus.

Dans le tems du verd il suffit de faire boire une fois par jour.

Les Grenadiers auront grand soin de retourner souvent leur fourrage ; crainte qu'il ne s'échauffe. Tant que les Chevaux sont au verd , il suffit de les panser avec le bouchon & la brosse. C'est dans ce tems qu'il faut être très-exact à nettoyer sous eux , sans quoi l'abondance des urines & de la fiante défonceroit l'Ecurie & en feroit un bourbier.

CHAPITRE VII.

Des fourrages secs.

LORSQUE les grains sont murs il arrive beaucoup d'accidens dans la Cavalerie ; comme des maladies de feu , fourbatures & fluxions sur les yeux par l'indiscrétion des Cavaliers.

Lors donc que les grains feront tout-à-fait murs , les Grenadiers auront grand soin de régler la nourriture de leurs Chevaux comme s'ils étoient à l'Ecurie ; observant deux choses essentielles ; la premiere d'émoucher les gerbes ; c'est-à-dire, d'en ôter une bonne moitié du grain ; la seconde de laisser long-tems la paille devant les Chevaux, afin qu'ayant mangé le grain qu'ils choififfent d'abord, ils foient forcés de manger auffi la paille ; laquelle empêche les accidens que pourroit occafion- ner le grain.

Cette attention eft fur-tout néceffaire pour le Froment, l'Ef- piotte & l'Avoine.

La paille d'Orge eft très bon- ne, elle rafraîchit le flanc des Chevaux. Les Hongrois la cher- chent par préférence à tout autre fourrage.

Dans l'arriere faifon quand on fourragera dans les Villages, & qu'on fera forcée de faire des trouffes de foin nouveau, les Grenadiers auront attention d'en donner modérément & de le mouiller ; car rien n'eft plus ca- pable de donner le feu,

Les Chambrées qui en auront en meule, l'étendront & le retourneront souvent, tant pour le faire fécher, que pour empêcher qu'il ne s'échauffe. Il faut la même économie pour l'Avoine nouvelle, & avoir grande attention de la mouiller avant de la donner aux Chevaux.

Quand les Chevaux font à la nourriture ci deffus, il faut les faire boire deux fois par jour, même trois fi l'on étoit à portée de l'eau.

Je fuis bien aife d'avertir ici les Grenadiers qu'il faut mener doucement les Chevaux à l'abreuvoir, foit en Campagne ou à la Ville, un Cheval qu'on y meneroit trop vîte, feroit effouflé & hors d'état de boire.

Quand les Chevaux boivent avec trop d'avidité & qu'ils ont grand foif, il faut abfolument

leur

leur couper l'eau , ce qui fe fait en leur retirant la tête , & en les faifant boire par reprife.

Dans l'arriere faifon , il faut que les Grenadiers ayent atten-tion de donner moins à manger pendant le jour à leurs Chevaux & fuffifamment pour les nuits , comme elles font longues & fraîches , quand ils n'ont plus rien devant eux , ils fe mordent & ruënt.

Chaque Grenadier avant que de fe coucher , doit voir fi le piquet de fon Cheval tient bien, & fi la longe du licol eft bien at-tachée.

Je crois avoir fuffifamment expliqué ce qui regarde la façon de panfer les Chevaux , & de les foigner à l'Ecurie , tant au Quartier , qu'en route & en

Campagne. Je vais maintenant
parler de la façon dont il faut
les seiler, les brider, & apprendre à les monter.

CHAPITRE VIII.

De la Selle , & le nom des parties dont elle est compo-sée.

LA Selle est composée de deux arçons , qui font deux pieces de bois de hêtre tourné en rond. L'arçon de devant est composé d'un garot ou arcade , placé au-dessus du garot de Cheval. Les mammelles forment le milieu de l'arçon , & les pointes des arçons font les extrêmités de chaque arçon. Les liéges font des morceaux de bois plats , & élevés au-dessus de chaque arçon de devant fur lesquels on chausse les bâtes.

L'arçon de derriere a une tournure plus large & plus ronde ; & dans ſa partie ſupérieure il y a une piece de bois élevée, qui accompagne la rondeur du haut de l'arçon, qu'on appelle trouſſequin ; lequel ſert à aſſurer les bâtes.

On cole des nerfs de bœuf battus & réduits en filaſſe tout autour des arçons. Lorſqu'ils ſont nervés & ſecs, on cloue en dedans de chaque arçon juſqu'aux pointes, une bande de fer de tôle avec une autre petite bande derriere le pommeau, pour tenir & aſſembler les deux liéges, & deux autres bandes à l'arçon de derriere pour le Trouſſequin ; on entoure enſuite les arçons d'une toile neuve ; trempée dans la cole d'Angleterre.

Les bandes ſont deux pieces

de bois plates, & larges d'environ trois doigts clouées & attachées à chaque côté des arçons, pour tenir & arrêter l'arçon de devant avec celui de derriere.

Elles doivent porter également le long du dos, au-deſſus de l'épine, & être tournée de façon qu'elles empêchent l'arçon de devant de porter ſur le garot, & celui de derriere ſur les rognons.

Les bandes de fer ne valent rien, elles ſe plient & bleſſent le Cheval.

Les bâtes ſont les parties élevées au-deſſus de chaque arçon. Elles ſervent à tenir le Cavalier plus ferme dans la Selle.

Les panneaux ſont deux couſſinets de toile, remplis de bour-

re, attachés au-deſſous de la
Selle pour la tenir un peu élevée
au-deſſus du corps du Cheval,
afin que les arçons & les bandes
ne touchent pas ſur le gatot, ſur
les rognons, ou ſur les côtes.

Le ſiége eſt l'endroit du haut
de la Selle où le Cavalier eſt
aſſis.

Les quartiers ſont deux pieces de cuir placées aux deux côtés de la Selle pour empêcher la
genouillere de la botte de porter
contre le ventre du Cheval.

Les contre ſanglots ſont de
petites courroyes de cuir de
Hongrie, clouées & attachées
aux arçons de devant, & de derriere; qui ſervent à attacher les
ſangles.

Des appartenances de la Selle.

Les appartenances de la Selle font le Poitrail, les fangles, la Croupiere, les fontes des Piftolets, les Etrivieres, les Etriers, les Crampons, & les Courroyes pour attacher les Fontes & le Manteau. Je ne crois pas qu'il me foit échappé une feule des chofes qui compofent une Selle.

Quand je ferai au quartier : je me ferai un vrai plaifir de les faire connaître aux Grenadiers, à qui cette explication n'auroit pas fuffi ! à mon défaut le premier Sellier peut leur rendre ce petit fervice.

Après avoir détaillé toutes les parties de la Selle ; il faut en venir au plus effentiel, qui eſt de la placer ſur le corps du Cheval de la maniere dont elle doit l'être pour ne le point bleſ-ſer.

CHAPITRE IX.

Comment il faut Seller un Cheval.

POUR Seller il faut se placer vis-à-vis l'épaule gauche du Cheval. Avant de lui mettre la Selle sur le corps, il faut d'abord relever les sangles sur le siege, prendre garde que les Etriers ne donnent sur les panneaux : ce qui arrive quand les Porte-Etriers sont trop longs ; ranger le poitrail, & renverser la Croupiere sur le Trouffequin : ensuite la main gauche Empoignant le pommeau & la droite les Trouffequin : On éleve la Selle au-dessus du Cheval, & on la lui pose doucement fur le dos , laiffant poſer d'abord le devant & enfuite le derriere. Cette façon eſt très-eſſentielle. Car rien ne rend un Cheval difficile à Seller, comme de lui jetter la Selle ſur le corps. La longe du Cheval étant fenſible & chatouilleufe ; il ne faut point s'étonner ſi preſque tous les Chevaux craignent l'approche de la Selle. Cela vient de ce que ceux qui les ont ſellés, ont eu l'indiſcrétion de leur jetter la Selle ſur le corps. Le poids ſeul , quand il ne ſe rencontreroit rien ſur les panneaux , ſuffit pour faire mal au Cheval. De-là il s'enfuit beaucoup d'accidens , & des Selles caſſées. Ce qu'on évitera ſûrement en s'y prenant comme je viens de le dire.

La Selle étant ſur le dos du

Cheval , on la tirera du côté de
la Croupe pour avoir plus de facilité à mettre la Croupiere : ce
qui se fait en pliant la queuë en
deux , & en levant le Tronçon.
On passe la queuë dans la Croupiere , après quoi on la tire jufqu'au haut , de façon que le Culeron soit à sa place. Il faut lever
la queuë de la main gauche , &
avoir attention à retirer les crins
qui pourroient se trouver pris
entre la chair du Cheval & le
Culeron , ce qui couperoit la
peau.

Quand la Croupiere est mise ,
on remet la Selle en place. On
fait glisser les Sangles du côté
droit , ensuite on prend la boucle de la Sangle de devant , on
la passe dans le poitrail , & passant le premier Contre-sanglot
dans la boucle de la Sangle , l'on

ferre autant qu'il faut pour affu-
rer la Selle.

L'on va de-là à l'autre boucle
de la feconde Sangle & enfuite
au furfait.

Il y a beaucoup de Chevaux
qui fe gonflent quand on les fan-
gle.

Il faut alors les fangler à plufieurs reprifes. Il ne faut point
trop ferrer la derniere Sangle,
parce que cela pourroit gêner la
refpiration, & occafionner plufieurs accidens. Les Sangles ne
fervent qu'à tenir la Selle droite,
& l'empêcher de tourner.

Quand le Cheval eft fanglé,
on met le poitrail.

*Regles qu'il faut obferver pour qu'un
Cheval foit bien Sellé.*

Il faut que la Selle foit placée

juſtement au milieu du corps du Cheval. Si on la mettoit trop en arriere, & que le Cheval fut un peu étroit de boyaux, les Sangles couleroient le long du ventre juſqu'au fourreau! ſi au contraire elle eſt trop en avant, le poids de l'homme foulera les épaules, gênera par conſéquent leur mouvement, & fera broncher & même boiter le Cheval.

C'eſt pourquoi il faut que les pointes de l'arçon de devant ſoient placées au défaut des épaules. Pour connaître enſuite ſi la Selle porte bien par tout, & s'éloigne où il faut; il n'eſt queſtion que de paſſer la main de tout côté, pour voir ſi tout preſſe également; & ſi elle ne porte pas ſur le garot, ſur le dos & ſur les rognons. Il faut auſſi avoir attention d'ôter les crins qui pourroient se trouver pris entre la Selle & le garot.

La Selle étant bien ajustée sur le Cheval, il faut avoir attention à tous les harnois qui en dépendent. C'est ce que je vais détailler.

La Croupiere est destinée à maintenir la Selle en sa place, & à l'empêcher de venir en avant, principalement dans les descentes ; mais elle ne doit point être trop tendue, parce qu'elle écorcheroit le Cheval sous la queuë. Il y a même des Chevaux qui se mettent à ruer quand la Croupiere serre trop. Il ne faut pas non plus qu'elle soit trop lâche, car la Selle couleroit sur les épaules aux descentes. Il faut donc un juste milieu qui est fort facile à prendre, puisqu'il y a une boucle à la

Croupiere, par le moyen de laquelle on peut la racourcir ou allonger comme l'on veut !

Le poitrail sert premierement à empêcher la Selle de couler en arriere quand on monte une montagne. Secondement pour tenir les fontes des Piſtolets en leur place, à côté de la Selle. Il ne faut pas qu'il ſoit trop ſerré, car il empêcheroit le mouvement des épaules. Il ne doit pas non plus deſcendre plus bas que la jointure du devant de l'épaule.

Une attention très-néceſſaire quand on met les Etriers à ſon point : c'eſt de faire remonter les boucles des étrivieres ſous le quartier de la Selle, le plus haut qu'elles puiſſent aller.

Pluſieurs Grenadiers s'imaginent que plus une Selle eſt rembourrée, moins elle eſt bleſſe le Cheval! c'eſt une grande erreur! par deux raiſons :

La premiere eſt qu'une Selle trop rembourrée, éloigne l'homme du Cheval, par conſéquent le fatigue. Un Cavalier fatigué cherche des poſtures commodes, ſe déplace, bleſſe ſon Cheval, & n'a point de tenue.

La ſeconde eſt, qu'il ſe forme plus aiſément des durillons dans une grande quantité de bourre & de crin, que quand il y en a moins.

Un rembourrage de deux doigts ſuffit ; quand il eſt bien égal, & que le crin & la bourre ſont bien écharpis avant de les employer.

Je conſeille très-fort aux Grenadiers de ne jamais faire toucher aux Selles de leurs Chevaux

vaux quand elles ne bleffent pas.

Pendant les routes & dans le tems des mouches, les Chevaux maigriffent fouvent, il faut y faire une grande attention, car alors les Selles deviennent trop larges & peuvent bleffer. En ce cas il faut faire rembourrer un peu des deux côtés du garot & fur la longe feulement.

Un Grenadier attentif fera travailler le Sellier devant lui, car ces Meffieurs là font fujets à retirer du crin plutôt qu'à en mettre.

Toutes les fois qu'un Grenadier défellera fon Cheval, il faut qu'il le vifite par-tout, & s'il s'appercevoit que le poil fut ufé en quelque endroit, il examinera d'où cela vient, & y remédiera lui-même, ou y fera remédier par le Sellier.

E

Lorfque l'on veut défeller un Cheval, il faut commencer par défaire le poitrail, relever les Etriers, enfuite deffangler, & quand les Sangles font tout-à-fait défaites, on paffe du côté droit pour les effuyer fi elles font mouillées ; ce qui fe fait avec une poignée de paille ou de foin. Si elles étoient fort crottées : il faudroit ôter la boüe avec un couteau, obfervant d'y aller légerement, crainte de les couper. On les effuye & on les renverfe fur le fiege de la Selle ; après quoi on retire la Selle un peu en arriere pour ôter la Croupiere plus facilement en levant la queuë. Evitant fur-tout de tirer la Selle en bas pour faire defcendre la Croupiere. Car il y a des chevaux qui ferrent fi fort la queuë, que les efforts qu'on fait

pour faire couler le Culeron,
les blesse & les oblige à ruer,
on veut éviter des coups de pied,
on lache la Selle qui tombe alors
sur les jarrets du Cheval qui
cherche à s'en débarrasser à force de ruades, de là il s'ensuit
une Selle fracassée, faute de s'y
être pris comme je viens de le
dire.

La Croupiere ôtée & ren-
versée sur le Troussequin ; on
enleve la Selle de dessus le Cheval, & on la pose à l'envers.
Car en la mettant sur les arçons,
cela les fatigue, use & perce la
toile des panneaux, & y fait
faire des rides qui venant à se sécher peuvent blesser le Cheval.

Le Cuir neuf est sujet à s'allonger, c'est pourquoi les Grenadiers auront attention quand on
leur donnera des Harnois neufs,

de faire faire plusieurs trous pour pouvoir racourcir les Harnois, à mesure que le Cuir s'allongera, avec l'emporte - piece dont se servent les Selliers. Car les trous que l'on fait avec un poinçon ou un couteau s'allongent & l'ardillon déchire à la fin le Cuir.

Il ne faut jamais pendre une Selle par la Croupiere, parce que le poids la fait allonger, il faut passer une corde dans la boucle où la Croupiere est attachée, & la pendre avec ou par les Etriers, au moyen de deux cloux à crochets.

L'attention de faire faire des trous avec l'emporte-piece est sur tout nécessaire aux Etrivieres & aux Contre sanglots, de façon qu'il y ait dequoi allonger ou racourcir d'un demi point.

Le Chapitre de la Selle pa-
raîtra un peu plus long , mais il
ne m'a pas été possible d'éviter
cet inconvénient , voulant entrer dans tous les détails. Paf-
fons à ce qui regarde la bride.

CHAPITRE X.

De la Bride & des parties qui la composent, pour ce qui regarde le Cuir.

LE tout ensemble de la Bride est ce qu'on appelle la monture. Cette monture est composée de plusieurs morceaux de Cuir qui ont chacun leurs noms particuliers.

La têtiere, ou le dessus de la tête, est la partie qui pose sur le haut de la tête derriere les oreilles.

Les porte-mors ou les montans de la Bride sont deux Cuirs qui passant dans les yeux du mors, le soutiennent en place, chacun à une boucle pour pouvoir hauſſer & baiſſer le mors.

Le frontrail eſt le Cuir qui traverſe le front au-deſſus des yeux & qui eſt attaché à la têtiere des deux côtés, il n'a point de boucles.

La ſoufgorge eſt le Cuir qui part de la têtiere & dont on entoure la jonction de la ganache au col, l'ayant attaché à une boucle du côté du montoir.

La muſerole eſt le Cuir qui entoure la tête du Cheval au-deſſus du nez & qui ſe boucle auſſi du côté du montoir.

Les rênes enfin ſont deux Cuirs, qui d'un bout ſe bouclent aux anneaux des tourets des branches du mors, & de l'autre ſont jointes & liées enſemble.

DU MORS.

Le mors eſt compoſé de trois

parties principales ; fçavoir de l'embouchure qui fe place dans la bouche ; de la branche qui eft attachée aux deux extrêmités de l'embouchure, & de la gour-mête qui fait fon effet fur la barbe.

L'embouchure qu'on appelle communément ! Canon, eft un morceau de fer arrondi qui fe met dans la bouche du Cheval. Les deux extrêmités de cette embouchure où font attachées les branches, s'appellent fonceaux.

La branche qui fait agir l'embouchure à laquelle elle eft attachée par les fonceaux, eft compofée du banquet, du coude, du jarret, du bas de la branche, du touret & des chaînetes.

Le banquet eft le haut de la branche, le trou d'enhaut où passe

paſſe le porte-mors, & où eſt
attachée la gourmette, s'appelle
l'œil du banquet, & l'arc du
banquet eſt cette partie en forme d'arc, dans laquelle entrent
les deux extrémités de l'embouchure, & où s'attachent les boſ-
ſettes.

Le coude eſt l'endroit au deſſous de l'arc du banquet, qui va
en rond en forme d'S.

Le jarret eſt placé au-deſſous
du coude, & au milieu de la
branche.

Le bas de la branche eſt l'eſ-
pace vuide au-deſſous du jarret,
où eſt attaché le touret, qui eſt
une eſpéce de cloud arrêté par
ſa tête dans la partie du bas de
chaque branche, & recourbé
par la pointe pour tenir les anneaux dans leſquels paſſent les
rênes de la bride. Il y a auſſi
G

deux chaînetes attachées aux deux branches, & à chacune deux petits tourets, pour tenir les deux branches en état.

La gourmette est une espéce de chaîne qui a trois côtés, composée de maille, de maillons, d'une S. & d'un crochet. Les mailles forment ce qu'on appelle la chaîne. Elles sont plus grosses & plus renflées dans le milieu qu'aux extrêmités. Les maillons sont des petites mailles droites, placées au nombre de deux à chaque extrémité de la gourmette. L'S est attachée à l'œil droit du banquet, & le crochet tient à l'œil gauche où l'on attache la gourmette.

Le mors & toutes ses parties sont de fer étamé. Je ne dirai rien ici des régles qu'il faut ob-

ferver pour bien emboucher les
Chevaux, fuivant les différentes
natures de bouche. Comme ce
foin ne regarde pas les Grenadiers, & que cela feroit d'une
trop longue difcuffion, je vais
paffer de fuite aux chofes qui leur
font utiles à fçavoir.

CHAPITRE XI.

Comment il faut brider un Cheval.

AVANT d'ôter le licol, il faut avoir le bridon paſſé dans le bras gauche, & tout prêt à mettre. Enſuite ont défait le licol, & paſſant le bras droit audeſſus du haut de la tête du Cheval, tenant la têtiere du bridon de la main droite, & le mors dudit bridon dans les trois derniers doigts de la gauche. Avec le premier doigt de cette main, qu'on fait entrer dans la bouche, on peſe un peu ſur la barre du côté du montoir, ce qui oblige le Cheval à ouvrir la bouche, & a recevoir le mors aiſé-

ment. L'on paſſe enſuite l'oreille droite entre la têtiere & le
frontail du bridon, & tout de
ſuite la gauche. Après quoi on
paſſe les rênes du bridon ſur le
col du Cheval.

Le bridon mis, il faut prendre la bride, dont la ſous-gorge
& la muſerole doivent être défaites ; paſſer les rênes dans le
bras gauche, tenir le mors dans
les trois derniers doigts de la
même main, & de la droite
prendre le haut de la têtiere,
étendre beaucoup le bras au-
deſſus du haut de la tête du
Cheval pour donner plus d'aiſance à la main gauche pour
loger le mors dans la bouche,
comme nous l'avons dit ci-deſſus,
en aidant du premier doigt de
la main gauche, paſſer enſuite
les oreilles comme on fait au

bridon , & de la main gauche on
raſſemble les crins du toupet,
qu'on allonge , pour n'en point
laiſſer d'engagés dans le frontail
& ſous la tétiere. On jette les
rênes de la bride ſur le col. On
examine ſi le mors eſt droit dans
la bouche , & ſi l. Cheval n'a
pas paſſé la langue par deſſus , à
quoi il ſeroit aiſé de remédier
en levant le mors au-deſſus du
nés du Cheval. Ce mouvement
lui fait naturellement remettre
ſa langue deſſous. Il faut voir
aprês ſi le mors n'eſt point trop
haut ou trop bas : parce qu'il y
a inconvénient à l'un & à l'autre : s'il eſt trop haut, il porte
ſur les machelieres , il peut bleſ-
ſer la langue & le palais. Si au
contraire il eſt trop bas , il porte
ſur les crochets , les uſe & empéche l'effet de la gourmette.

Le mors pour être à la juste hauteur, doit porter également des deux côtés à un bon travers de doigt, au-dessus des crochets d'en bas. C'est une règle dont il ne faut jamais s'écarter. J'ai fait sentir plus haut pourquoi cet article demande grande attention. Quand une fois une monture neuve à fait son effet, le mors reste au point où on le met. Mais tant que le cuir peut s'alonger, il faut que les Grenadiers ayent attention chaque fois qu'ils brideront de remettre le mors à sa place s'il étoit dérangé : ce qui leur sera aisé par le moyen des demi-points qu'ils auront eu soin de faire percer au porte-mors.

On met ensuite la sous gor-ge. Elle ne doit être ni trop lâche ni trop serrée. Il faut avoir

foin quand on a bouclé de mettre ce qui fort de la boucle dans
le paffant de cuir qui eft au deffous. Cela eft plus propre & plus
fur. Enfin on met la mufferole,
elle ne doit auffi être ni trop lâche, ni trop ferrée. Trop lâche, elle tombe fur le nez du Cheval &
fait très-mauvais effet. Trop ferrée, elle gêne le mouvement des
Machoires & par confequent ôte
la refpiration. Quand on a paf-
fé le bout dans la Boucle & que
l'Ardillon eft en place, on paffe
le cuir qui refte dans les paffants
du porte mors.

La Gourmette eft ce qui fe
met le dernier. Il faut qu'elle
foit mife fur fon plat, (l'on appelle le plat de la Gourmette
le côté uni) elle doit porter pré-
cifement au deffous de l'os de la
barbe pour faire fon effet. Car fi

elle pofe plus haut, c'eft-à-dire fur l'os : le Cheval la fentira peu ; il en eft de même fi elle pofe fur le menton. On doit la mettre à la feconde maille. Il faut prendre garde qu'elle ne foit trop longue ni trop courte, & que le crochet ou l'S ne pincent pas les lévres.

Il faut remarquer que tous les harnois s'ajuftent du côté du montoir, c'eft-à-dire à gauche.

Le Cheval bridé avec les attentions que je viens de détailler, on lui donne un coup de peigne à la criniere & au toupet, & avec l'Epouffette on l'effuie par tout.

Toutes ces chofes doivent fe faire avec douceur pour accoutumer les Chevaux à être tranquiles, ce qui eft plus commode pour le Cavalier.

Il eft furtout de conféquence

de se servir du moyen que je
donne pour loger aisément le
mors dans la bouche du Cheval,
au lieu d'y aller brutalement,
comme font beaucoup d'igno-
rans qui heurtent les dents des
Chevaux avec le mors ; ce qui
les blesse, & les rends très-difficiles à brider.

Lorsqu'on veut débrider un
Cheval, il faut d'abord défaire
la gourmette, ensuite la sous-
gorge & la muserole, après
quoi l'on fait passer la tétiere
par-dessus les oreilles, & on
laisse doucement sortir le mors
de la bride, & celui du bridon
de la bouche du Cheval, sans
tirer ; il faut prendre la précaution d'avoir le licol tout prêt à
mettre. Les Grenadiers feront
fort bien de se servir de feutres
ou de morceaux de cuir, afin

que la gourmette ne blefle pas la barbe. Cela eft furtout nécef-faire pour les jeunes Chevaux. Je fuis entré dans les plus petits détails des chofes qu'il faut fai-re, pour qu'un Cheval foit bien fellé & bien bridé. Il eft quef-tion maintenant d'apprendre à le monter & à le conduire. Cette partie eft la plus effentielle à un Cavalier, & demande beaucoup d'attention. Je m'expliquerai de la façon la plus claire & la plus bréve qu'il me fera poffible, afin de ne point charger la mémoire des Grenadiers & de me faire entendre.

CHAPITRE XII.

De la posture de l'Homme de Cheval.

LA vraie façon d'être bien à Cheval, consiste dans une posture droite, libre & aisée, qui vient du contre-poids du corps bien observé ; de sorte que dans tous les mouvemens que fait le Cheval, le Cavalier sans déranger son assiette, conserve autant qu'il le peut, cet air d'aisance & de liberté, qui forme ce qu'on appelle un bel homme de Cheval.

Il ne faut jamais monter à Cheval sans avoir des gands, & avant d'y monter, il faut exa-

miner d'un coup d'œil tout fon
Équipage.

Il faut d'abord voir fi la fous-
gorge n'eſt pas trop ferrée, fi
la muferole n'eſt point trop lâche ; fi le mors n'eſt point trop
bas ou trop haut : fi la gourmette eſt bien placée ; fi la felle
n'eſt point trop en avant ; fi les
fangles ne font point trop lâ-
ches, ou au contraire trop ferrées ; fi le poitrail ne defcend
pas trop bas ; & enfin, fi la
croupiere n'eſt point trop lâche
ou trop courte.

Ce petit Examen eſt très-né-
ceffaire pour éviter les inconvé-
niens qui peuvent arriver à ceux
qui négligent cette attention.

J'ai fuffifamment détaillé plus
haut le vrai point où il faut que
toutes ces chofes foient ; ainfi il
fera aifé de s'appercevoir de ce

qui pourroit n'être pas bien dans sa place ?

Après cette petite revûe, qui est l'affaire d'un instant, il faut approcher vis-à-vis, & près de l'épaule gauche du Cheval, prendre le bout des rênes de la main droite, les détortiller si elles l'étoient, les égaliser, ce qui se fait en levant le bout perpendiculairement de la main droite, & en faisant couler jusqu'aux crins la main gauche avec laquelle on doit les empoigner ; & de la même main on prend une poignée de crins près du garot ; on quitte ensuite le bout des rênes, en les laissant tomber par dessus le col du Cheval pour prendre le bas de l'étrier avec la main droite. Il faut avoir attention de ne point baisser la tête en faisant ce mouve-

ment. On met le pied gauche à
l'étrier , on s'éléve promptement & légérement au-dessus de
la selle , en posant la main droite sur l'arçon de derriere. On
passe la jambe droite bien éten-
due par-dessus la croupe , & l'on
entre en selle en se tenant la tête
& le corps droit.

Je suis bien aise de faire connoître aux Grenadiers combien
il est important de suivre de point
en point cette façon de monter à
Cheval. Il faut s'élever promptement & légerement au dessus de
la selle , parce que si on le faisoit
lourdement, on donneroit néces-
sairement un coup du genouil
gauche contre les côtes du Cheval ; ce qui lui feroit faire un
mouvement qui obligeroit le
Cavalier à reposer le pied droit
à terre.

Pourquoi faut-il paſſer la jambe droite bien étenduë par deſſus la Croupe, c'eſt que faute de cette attention on courroit riſque de piquer le Cheval ſur la Croupe avec l'Eperon, ce qui le feroit partir en avant, & ruër, par conſequent feroit tomber le Cavalier dont le corps eſt ſans appui.

Que ſignifie qu'il faut entrer en Selle ? Cela veut dire qu'il ne faut point ſe laiſſer tomber péſamment ſur la Selle, parce que cela ſurprend le Cheval qui ſent tout d'un coup un poids conſiderable qui lui tombe ſur le dos & le fait partir en avant. Le Cavalier qui n'eſt pas aſſis peut aiſement tomber ou ſe bleſſer conſiderablement les parties. Il faut donc deſcendre ſur la Selle & non s'y jetter.

Pourquoi

Pourquoi recommande-t-on de se tenir droit en montant à Cheval, c'est que si on panchoit le corps en avant sur le col du Cheval, & qu'il vint à donner un coup de tête, on courroit risque d'avoir le nez cassé

Lorsqu'on est en Selle, il faut ajuster les rênes égales dans la main gauche : ce qui se fait en prenant le bout des rênes avec la main droite, & en étendant le bras droit le long & au-dessus de l'encolure ; ensorte que la main droite soit à la hauteur & vis-à-vis de la tête du Cavalier, & autant avancé vers la tête du Cheval, que le permet la longueur des rênes.

Dans le même instant, on sépare les rênes avec le petit doigt de la main gauche, que l'on tient placée deux doigts au des-

fus du pommeau de la Selle , &
environ de quatre doigts éloignés
du ventre , avec les ongles un peu
en deſſus. Il faut auſſi que le
poignet ſoit un tant ſoit peu arrondi , mais pas trop ; ce qui
feroit paroître la main eſtropiée.
On tient les rênes ſerrées dans
le creux de la main , & le pouce étendu deſſus pour les aſſurer
& les empêcher de couler de la
main.

La main étant ainſi placée,
ce qui ſe doit faire promptement & avec aiſance , il faut
laiſſer tomber le bout des rênes,
& laiſſer tomber auſſi la main
droite , & la tenir à portée de
ſervir d'aide à la gauche.

Il faut couler le bouton à l'extrêmité des rênes , & ne s'en
jamais ſervir que lorſqu'on eſt
pied à terre, pour empêcher que

les rênes ne pendent, ou que le Cheval ne passe les jambes dedans. Bien des gens qui ne sont pas instruits, s'imaginent que le bouton fait l'effet de la main. Il faut les tirer de cette erreur, & qu'ils sachent que le bouton serré sur le col, fait un effet si violent sur les barres du Cheval, que venant à donner un coup de tête pour s'en débarrasser, il se blesse plus fort, & la douleur qu'il ressent peut le faire renverser. Il faut donc que le bouton soit toujours au bout des rênes.

Il faut ensuite s'asseoir juste dans le milieu de la selle, la ceinture en avant, les reins fermes, & un peu pliés. La tête du Cavalier droite, en regardant entre les oreilles du Cheval. Les épaules basses, libres,

un peu renverſées en arriere
avec les bras pliés au coude, &
joints au corps ſans aucune contrainte. Mais en tombant naturellement ſur les hanches.

Quoique l'attitude du corps
ſoit clairement détaillée dansl'article précédent : je crois qu'il eſt
néceſſaire de reprendre chacune
des choſes qui en dépendent,
afin que toutes ces régles ſe gra-
vent mieux dans la mémoire de
ceux qui auront envie de les
bien pratiquer.

Il faut être aſſis ſur la ſelle
ſur les feſſes , & non ſur la
fourchette : car outre que cette
attitude eſt fauſſe , dangereuſe,
contrainte , & ridicule : elle empêche le Cavalier de prendre
l'équilibre ; le rend roide dans
tous ſes mouvemens , & lui
ôte la fermeté.

Les reins doivent être fermes & un peu pliés : ce font ces deux chofes qui donnent en partie la fermeté au Cavalier quand un Cheval fe défend.

Il faut que la tête foit droite. Je recommande même aux Grenadiers d'y faire grande attention dans les commencemens ; car cette partie du corps eft la premiere qui fe dérange Si une fois elle tombe en avant elle entraîne tout le corps, & il n'y a plus de pofture.

Il faut regarder entre les oreilles du Cheval pour éviter un mauvais pas, ou enfin tout ce qui pourroit l'embarraffer & le faire broncher. Un Cheval mutin, ou qui eft fujet à avoir des gayetés, avertit le Cavalier par le mouvement de fes oreilles en les retirant en arriere. Si quelque objet lui fait peur, il les porte en avant. Il eſt donc nèceſſaire de regarder entre les oreilles de ſon Cheval. On ne ſçauroit paroître trop grand à Cheval, & avoir la tête dégagée des épaules : c'eſt pourquoi il faut qu'elles ſoient bien effacées, baſſes, & un peu renverſées en arriere. Quand on n'a pas cette attention, il ſe fait un creux dans la poitrine, & une voute aux épaules qui font paroître un Cavalier boſſu. On ne ſauroit trop s'élargir la poitrine. La main de la bride portant naturellement le corps un peu plus en avant de ce côté-là. Il faut avoir attention d'avancer le côtê droit.

Les bras doivent être pliés au coude & joints au corps, tombant naturellement ſur les hanches. Rien n'eſt ſi vilain que des coudes qui reculent & font voir deux moignons. Une autre choſe auſſi defagréable que ridicule ; c'eſt de les avoir en l'air , détachés du corps comme ſi l'on vouloit s'envoler. Laiſſés donc tomber vos bras naturellement fur vos hanches fans roidir & fans forcer.

Des Jambes.

La vraie poſition des jambes eſt d'être placées fur la ligne du corps du Cavalier , & de tomber naturellement fur une même ligne droite du genouil au talon , en tournant les jarrêts & le plat des cuiſſes contre le quartier de la ſelle. Que les jambes ſoient près du Cheval fans le toucher , droites & libres , mais aſſurées. Il faut que le talon ſoit un peu

plus bas que la pointe du pied,
& tourné de façon qu'il ne touche pas continuellement le ventre du Cheval. La pointe du pied
doit déborder l'étrier d'un pouce
ou deux, & ne pas être trop
tournée en dedans: ce qui feroit paroître le pied eftropié.

Ce n'eft que par la pratique
qu'on acquiert cette belle affié-
te du corps & des jambes. Le
moyen le plus fûr pour y parvenir eft de beaucoup trotter dans
les commencemens qu'on monte à Cheval.

La méthode de trotter fans
étriers eft excellente. Elle fait
prendre le fond de la felle. Elle
donne à un Homme de Cheval
de la fermeté, de la grace & de
l'équilibre.

De

De la main de la bride.

Ce qu'il y a de plus effentiel, & en même tems de plus diffile à un homme de Cheval, c'eft de favoir gouverner la main de la bride, & d'en connoître les effets.

On entend par la main de la bride, la main gauche ; car quoiqu'on fe ferve quelque fois de la droite, elle n'eft regardée que comme une aide à la gauche.

Une bonne main doit avoir trois qualités, qui font : la main legére, la main douce, & la main ferme. La main legére eft celle qui ne fent point l'appui du mors fur les barres. La main douce, eft celle qui fent un peu l'appui du mors ; & la main ferme, celle qui tient le Cheval

I

dans un appui à pleine main.

Il faut accorder ces trois mouvemens de la main ; enforte qu'après avoir rendu la main, qui eft la main legére , il faut retenir doucement , & fentir peu à peu l'appui du mors fur les barres ; qui eft ce qu'on appelle la main douce.

On tient enfuite de plus en plus le Cheval dans un appui plus fort , qui eft la main ferme , & ainfi alternativement , de maniere pourtant que la main douce précéde & fuive toujours le mouvement de la main legére & de la main ferme , car il ne faut jamais paffer de la main legére à la main ferme , ni de la main ferme à la main legére , qu'on n'ait employé auparavant la main douce , autrement on offenferoit la bouche du Cheval, qui eſt-ce qu'on appelle donner des ſaccades, & avoir la main rude.

Comme le Cheval a quatre principaux mouvemens en marchant, qui ſont aller en avant, reculer, tourner à droite & tourner à gauche, la main de la bride doit auſſi produire quatre effets, qui ſont, rendre la main ou la baiſſer pour aller en avant, ſoûtenir & retenir la main en l'approchant du ventre, pour l'arrêter ou pour le reculer ! porter la main à droite pour le faire tourner de ce côté, & la tourner à gauche, lorſqu'on veut tourner le Cheval à cette main.

Il faut obſerver qu'en rendant la main, il faut tourner les ongles un peu en-deſſous, qu'au contraire en ſoûtenant, & retenant la main, il faut tourner les ongles un peu au-deſſus ; & de même en retournant à droite il faut les avoir un peu en-deſ-ſus, afin de faire agir la rêne gauche ; en tournant à main gauche, il faut que les ongles ſoient un peu en-deſſous, afin que la rêne droite agiſſe plus promptement.

Il y a trois façons de ſe ſer-vir des rênes ? qui ſont de les tenir ſéparées dans les deux mains, égales dans la main gauche, ou l'une plus courte que l'autre dans la main gau-che, ſuivant le côté où l'on veut que le Cheval ſoit plié !

On appelle rênes ſéparées, lorſqu'on tient la rêne droite dans la main droite, & la rê-ne gauche dans la main gauche. Cette maniere de tenir les rênes

féparées, s'employe pour trotter les jeunes Chevaux qui ne
font point accoûtumés à obéir
à la main de la bride. On s'en
fert auſſi pour les Chevaux qui
fe défendent ou qui refufent de
tourner à une main.

Pour bien fe fervir des rênes
féparées, il faut baiſſer la main
oppofée à celle dont on tire la
rêne. Lorfque par exemple on
tire la rêne droite pour tourner
à droite, il faut baiſſer la main
gauche, & lorſqu'on tire la rêne gauche pour tourner à gauche, il faut baiſſer la main
droite, autrement le Cheval
ne fçauroit à quelle rêne obéir ?

Les rênes égales dans la main
gauche, fervent à mener un
Cheval qui eſt obéiſſant à la
main de la bride, c'eſt-à-dire,
qui fçait tourner à droite & à

gauche ſuivant le port de la main.

Lorſqu'on tourne un Cheval à droite, la rêne gauche détermine l'épaule gauche, & fait paſſer la jambe gauche par-deſſus la droite, & lorſqu'on tourne à gauche : c'eſt la rêne droite qui détermine l'épaule droite, & fait paſſer & chevaler la jambe droite par deſſus la gauche.

La connoiſſance des effets des rênes, eſt pour ainſi dire la baze de la ſcience de l'Homme de Cheval, il faut donc ſe ſouvenir que chaque rêne gouverne chaque épaules, & la fait agir.

Des aydes & des châtimens.

Les aydes dont on ſe ſert à Cheval, conſiſtent dans les différens mouvemens de la bride, comme cela eſt expliqué dans le Chapitre précédent. Dans l'appel de la langue, dans le mouvement des cuiſſes, des jarrets, & des gras de jambes, & dans le pincer délicat de l'éperon.

L'appel de la langue réveille le Cheval, & le rend attentif aux aides & aux châtimens qui ſuivent cette action, s'il n'y répond pas : il faut s'en ſervir rarement, autrement le Cheval s'y accoûtumeroit, & elle ne feroit plus d'impreſſion ſur l'oüie, qui eſt le ſens ſur lequel elle doit agir. Il n'y a rien de ſi déſagréable, outre cela, que d'entendre un Cavalier appeller continuellement ſon Cheval de la langue.

Il y a dans les jambes du Cavalier, quatre mouvemens qui

I iiij

forment quatre aides, fçavoir l'aide des jarrêts ou des cuiffes, qui fe fait en ferrant les deux jarrêts pour chaffer le Cheval en avant, ou en ferrant le jarrêt droit pour le preffer fur le talon gauche, ou en ferrant le jarrêt gauche pour le foûtenir & l'empêcher de fe preffer & de s'appuyer trop à droite.

L'aide des gras de jambes qui eft une aide plus fenfible que celle des jarrêts, fe fait en les approchant un peu du ventre pour avertir le Cheval qui n'a pas répondu à l'aide du jarrêt, que l'éperon n'eft pas loin. Cette aide fert auffi a raffembler un Cheval qui fe laiffe aller fur le devant.

Le pincer délicat de l'éperon fe fait en l'approchant légerement près du poil du ventre, ſans appuyer juſqu'au cuir pour avertir le Cheval qu'on appuira vivement des deux s'il n'y répond pas ? Les éperons doivent être employés plus ou moins fort , ſuivant la ſenſibilité du Cheval, & la faute qu'il a commiſe.

Il y a des occaſions où l'on doit s'en ſervir avec vigueur, mais rarement ; car rien ne déſeſpere , n'avilit , & n'endurcit plus un Cheval que les éperons trop ſouvent , & mal-à-propos appliqués. Lorſqu'on veut donner des éperons , il faut approcher doucement les gras des jambes , enſuite on applique les éperons, environ quatre doigts au-delà des ſangles , & on replace les jambes tout de ſuite après , afin d'ôter au Cheval le trop de crainte que la violence du châtiment lui a imprimée.

Il y a des gens dont les éperons & les jambes touchent continuellement & chatouillent le
ventre du Cheval, ce qui arrive ordinairement à ceux qui ont
les étriers trop longs, & la pointe du pied baſſe ou en dehors.

Cette fauſſe & ridicule poſition des jambes endurcit un
Cheval, & l'accoûtume à une
action très-déſagréable, qu'on
appelle quoüailler, qui eſt de
remuer ſans ceſſe la queüe en
marchant, comme ſi les mouches le piquoient.

Il ne faut jamais châtier un
Cheval par humeur, ni en co-
lere, mais toûjours à propos &
de ſang froid.

CHAPITRE XIII.

De la façon de dresser les jeunes Chevaux.

ON ne peut raisonnablement exiger des Chevaux de troupe, qu'un certain dégré de souplesse & de légereté ; pourvû qu'ils soient obéissans , doux, qu'ils tournent aisément aux deux mains, qu'ils aillent en avant, qu'ils sachent reculer droit , fuir un peu les talons, qu'ils ayent la bouche bonne, qu'ils soient accoûtumés aux bruits de guerre, aux armes blanches , au feu, & qu'ils n'ayent peur de rien : c'est tout ce qu'on peut demander de cette espéce de Chevaux, & c'est encore beaucoup.

Je vais donner aux Grenadiers les moyens les plus sûrs pour les amener à ce point, qui eſt celui de perfection pour ce qu'on appelle Chevaux d'Eſcadron. Qu'elle ſatisfaction n'auront-ils pas avec un peu d'application, d'être en état de former leurs Chevaux, en ſuivant des principes certains, auſſi aiſés à pratiquer qu'à concevoir.

On a attention de mettre les Chevaux de remonte dans la même Ecurie. Ainſi il ſera fort aiſé de les accoûtumer à être doux & obéiſſans aux premieres choſes qu'on peut leur demander à l'Ecurie.

Celui qui ſera chargé comme Chef de la conduite des Chevaux de remonte, doit tenir la main à ce qu'aucun Grenadier ne maltraite ſon Cheval. Il faut

prendre ces animaux par douceur : c'eſt un principe dont il
ne faut jamais s'écarter.

La docilité eſt une des premieres qualités que tout Cheval
doit avoir , & il faut employer
toute la patience , toute l'adreſ-
ſe , & toute l'induſtrie imagi-
nables , pour rendre les jeunes
Chevaux doux , familiers , &
amis de l'Homme. Après que
les jeunes Chevaux auront été
repoſés quelques jours des fati-
gues de la route , qu'ils feront
décraſſés & nettoyés comme il
faut ; il fera bon de les accoûtumer d'abord à ſouffrir la felle ſur
le dos avec des ſangles qui ne
leur preſſent pas trop le ventre
& une croupiere qui ne ſoit pas
trop courte. Il faut les laiſſer
ainſi ſellés deux ou trois heures
par jour.

On les accoûtume de même à souffrir qu'on leur mette le bridon dans la bouche ; car il ne faut point de bride dans les commencemens aux jeunes Chevaux, on leur léve deux fois par jour les quatre jambes, & avec un bâton on frape sur le dessous du pied, comme si on vouloit les ferrer. Cette méthode les rend aisés à ferrer. Lorsqu'ils feront accoûtumés à souffrir le bridon & la selle dans l'Ecurie, il faudra dans le même endroit les monter & les descendre le plus légerement & le plus doucement qu'il sera possible à leur place, afin de les rendre doux au montoir.

Il faut observer que toutes ces choses - ci doivent se faire avec beaucoup de douceur. S'il s'en trouvoit quelques-uns qui ne vouluffent pas fouffrir l'approche de la felle, du bridon, qu'on leur leva les jambes, ou qu'on les monta! il faut avoir recours à la patience. Il ne faut pas furtout oublier de flatter un jeune Cheval, toutes les fois qu'il a été doux & tranquille lorfqu'on lui a demandé quelque chofe; c'eft la vraie façon de les accoûtumer.

Quand on aura ufé pendant quelques jours de ces premiéres leçons à l'Ecurie, & qu'elles auront réuffi; ce qui ne manquera pas d'arriver fi l'on s'y prend doucement! Il faudra commencer à leur donner les leçons néceffaires pour les dreffer.

Il faut avoir le plus à portée que faire fe pourra de l'Ecurie où feront les jeunes Chevaux, un terrein doux & uni pour les exercer ; l'on verra par les plans de terre ci-après la forme, la longueur, & la largeur qu'il doit avoir.

J'ai joint à ce plan d'autres reliefs, qui feront connoître aisément aux Grenadiers comme il faut faire les doublers larges, les doublers étroits, & les changemens de main.

PREMIERE LEÇON.

Du Trot.

La premiére Leçon qu'on doit demander à un Cheval, est le dénoüement de ses membres. Cette qualité ne peut lui venir que par le trot, parce que dans cette allure, tous les ressorts de l'animal sont mis dans un grand mouvement, & comme dans cette action le corps du Cheval est

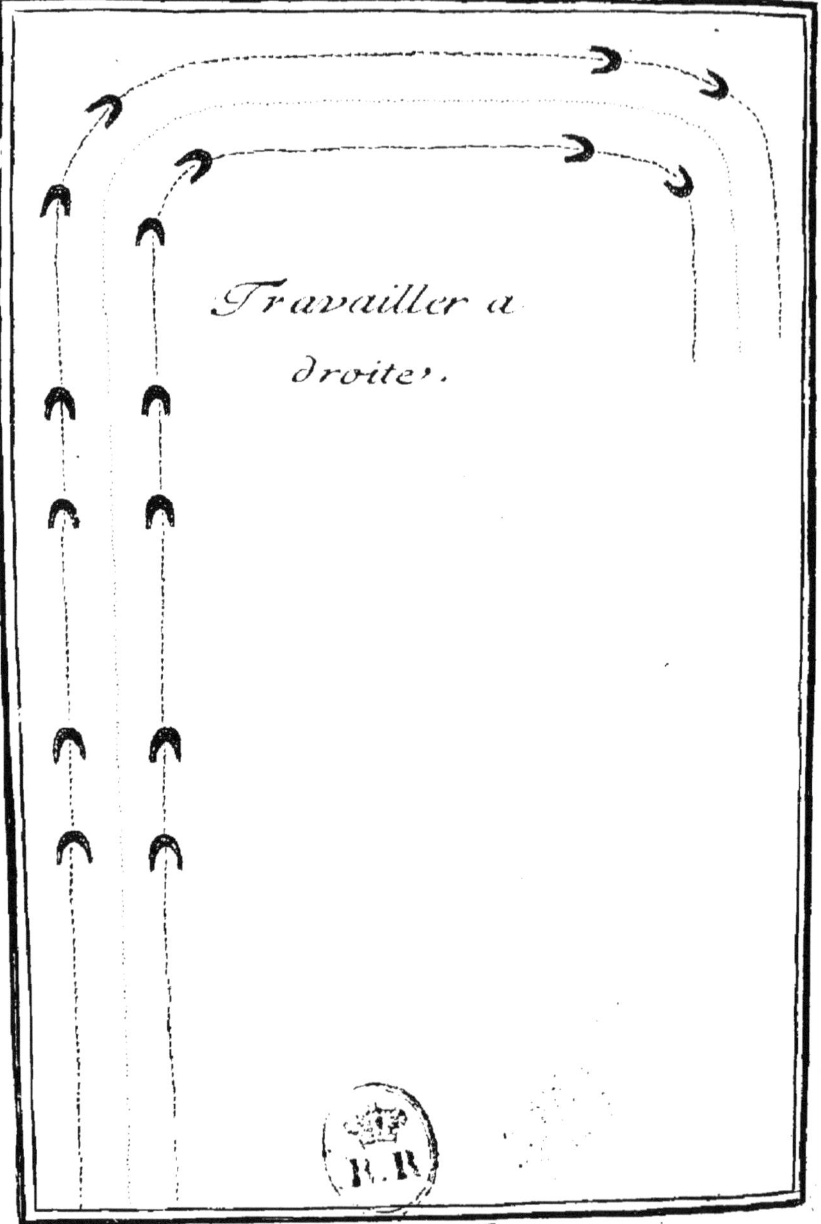

Travailler a droite.
Plan du Terain.

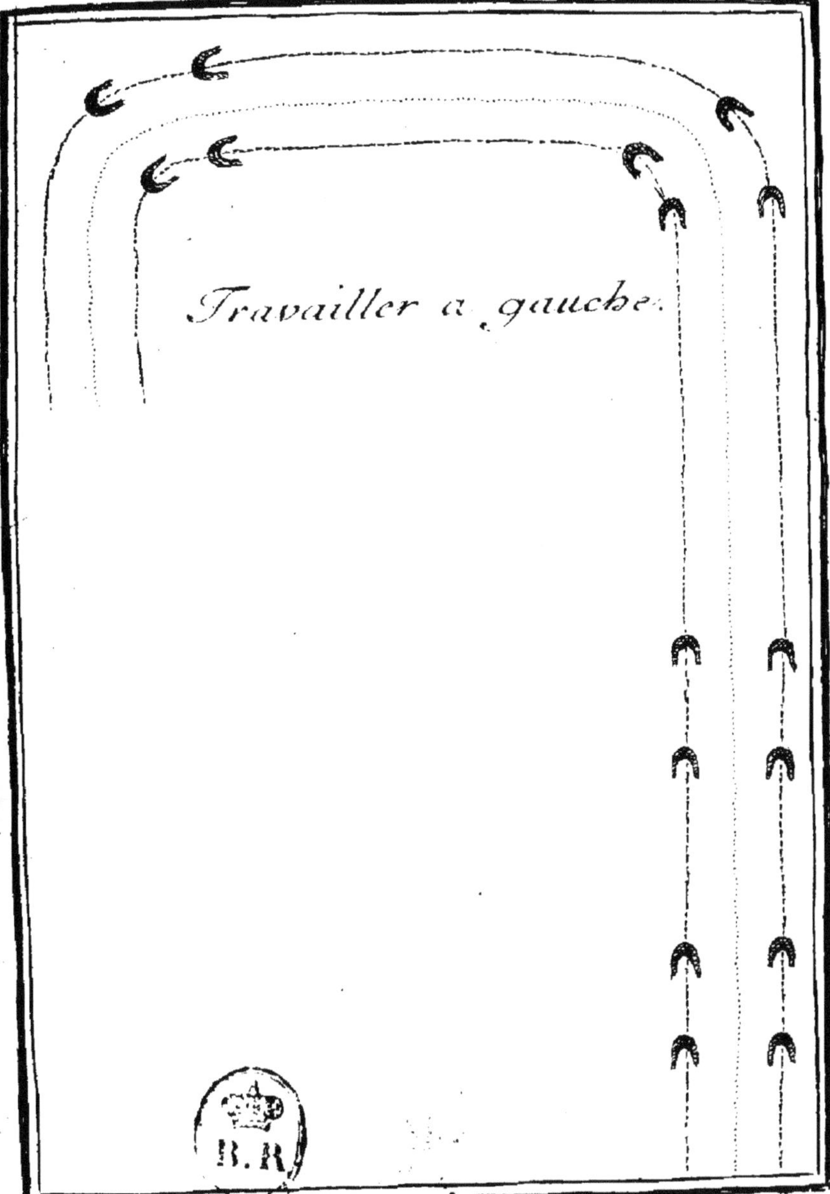

Nᵒ. 1. pag. 113.
Travailler a gauche.
150 pieds de long sur 50 de large.

Doubler _ larges
à droites.

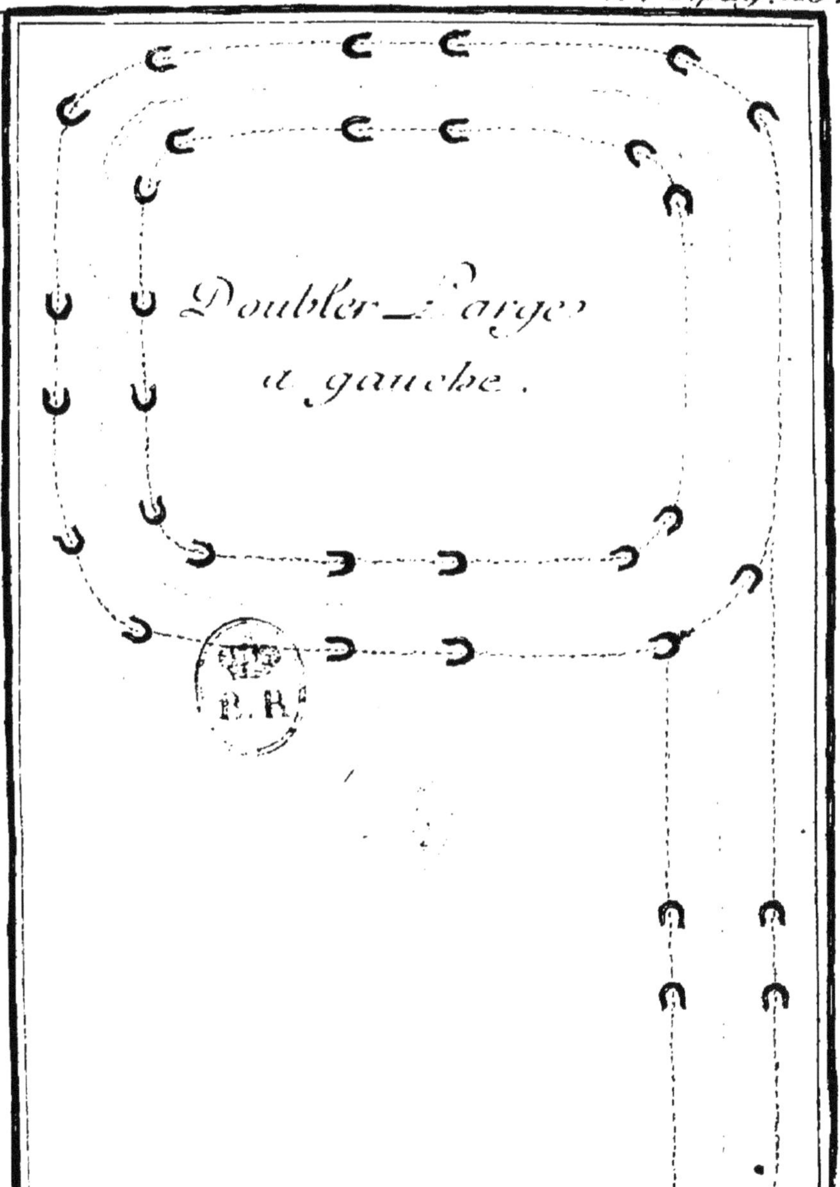
Doubler_Large
a gauche.

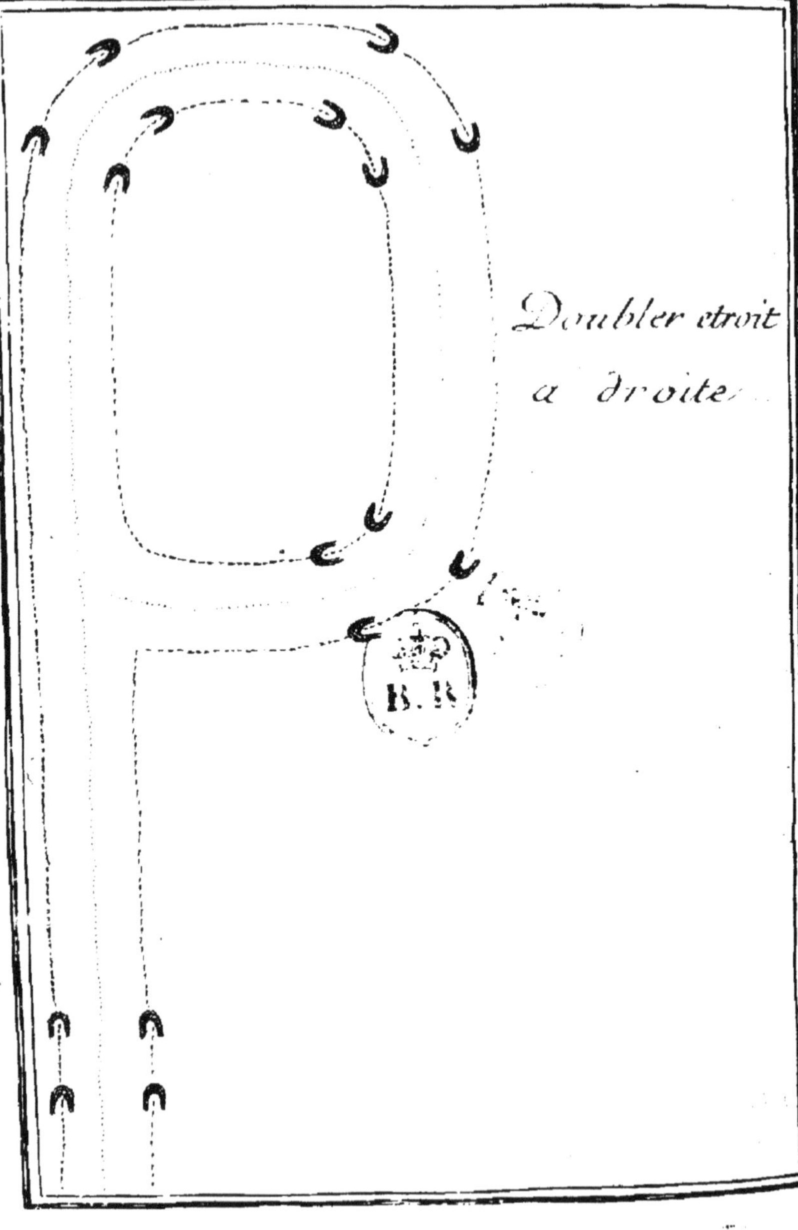

No. 3. pag. 112.
Doubler etroit
a droite

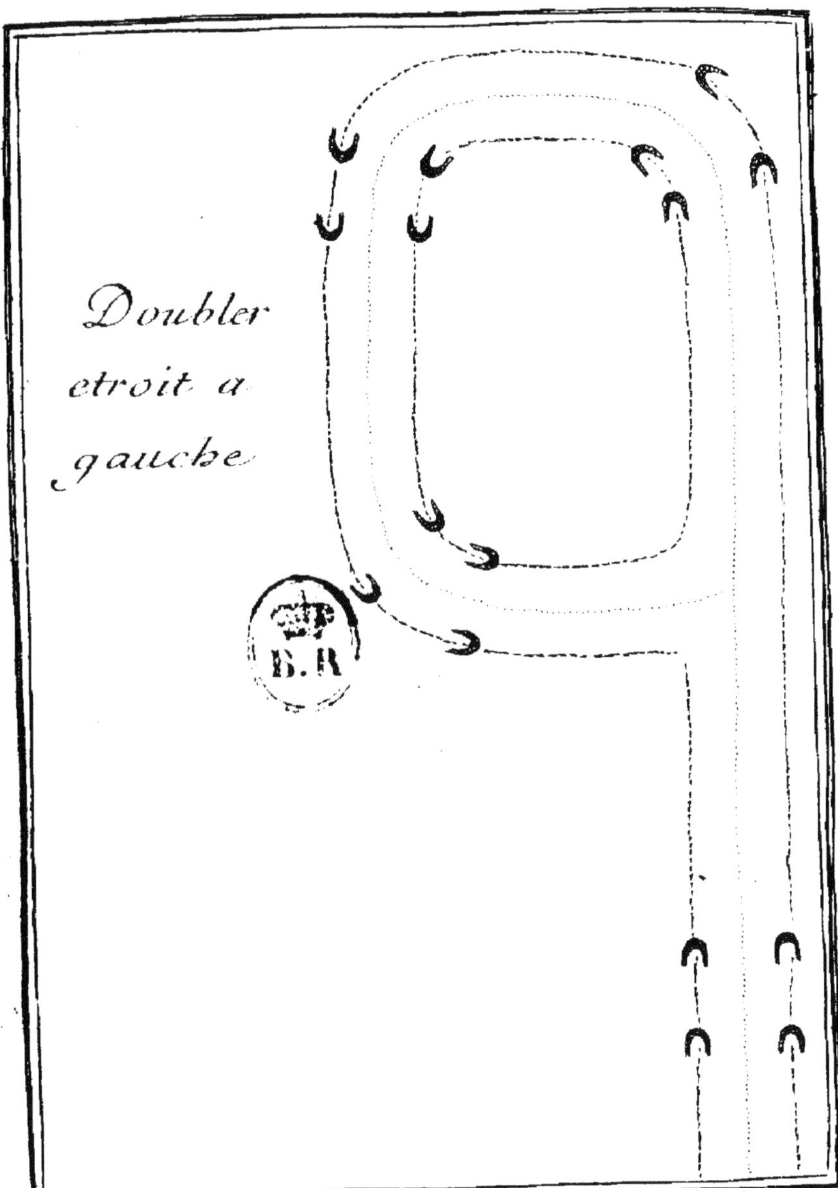

Doubler
etroit a
gauche

Changement de main
de droite a gauche.

Changement de main

de gauche a droite.

est également soutenu sur deux jambes, l'une devant, l'autre derriere, croisées & opposées. Les deux autres qui sont en l'air, sont obligées de se relever, de se soûtenir, & de s'étendre en avant ; & par-là, le Cheval acquiert un premier dégré de souplesse dans toutes les parties du corps.

C'est au trot, à la longe, sur un terrein doux & uni, avec un caveçon sur le nez, un simple bridon dans la bouche, sans personne dessus, qu'il faut apprendre aux jeunes Chevaux à trotter & à craindre le châtiment du fouet, qu'en terme de l'art on appelle chambriere.

Il faut que le caveçon soit placé assez haut pour ne point ôter la respiration, & que la muserole soit assez serrée, afin

que le caveçon ne varie point
ſur le nez. Il doit auſſi être
couvert d'un cuir pour ne point
écorcher la peau, qui eſt très-
tendre dans les jeunes Chevaux.

Pour donner cette leçon, il
faut néceſſairement être deux.
Celui qui tient la longe doit
être placé au centre du cercle,
que le Cheval décrit en tournant; & celui qui tient le fouet,
que j'appellerai dorénavant
chambriere, doit ſuivre le Cheval & le chaſſer en avant, en lui
donnant légérement ſur la croupe, & quelquefois frappant de
la chambriere par terre.

Il faut toujours commencer à
travailler un Cheval à droite, parce que le Cheval eſt naturellement plié à gauche; cela vient de
ce qu'on le ſert toujours de ce côté là, & non comme bien des gens

le croyent de la position de son corps dans le ventre de sa mere.

Lorsque le Cheval aura fait trois ou quatre tours à une main, il faut que celui qui tient la longe, la racourcisse peu à peu, jusqu'à ce que le Cheval soit arrivé près de lui, & après l'avoir flatté quelque-tems, on le fait trotter à l'autre main, & on le finit au centre de la même maniere. Voici comme il faut régler cette leçon ; faire faire quatre tours à droite, quatre tours à gauche, & finir par quatre tours à droite.

Il ne faut pas dans les commencemens, & jusqu'à ce que les Chevaux ayent pris un peu de force, leur faire faire de longues reprises.

Quand un Cheval obéira facilement à cette premiere leçon , il faut lui apprendre à changer de main , & que celui qui tient la longe , & la gouverne , tire la tête du Cheval en reculant deux ou trois pas , & celui qui tient la chambriere doit gagner l'épaule de dehors pour le faire tourner à l'autre main , en la lui montrant , & même l'en frapant s'il refuse d'obéir.

Il est bon d'expliquer ici ce que c'est que le dehors & le dedans. Lorsque le Cheval travaille la tête à droite , l'épaule ainsi que les jambes de ce même côté , sont les parties du-dedans ; celles de la gauche sont celles du-dehors : de même quand le Cheval est plié à gauche , toutes les parties gauches forment le-dedans , & les droites le-dehors. Cette différence est nécessaire à concevoir , & fort aisée.

On doit avoir une attention lorsqu'on fait trotter un Cheval , c'est de lui tirer la tête en-dedans , c'est-à-dire , à droite , quand il trotte à droite , & à gauche , quand il trotte à gauche. Cela se doit faire en tirant doucement à soy sans donner des saccades.

On doit aussi bien prendre garde que le Cheval ne galope au lieu de trotter , & lorsque cela arrive , il faut secoüer légérement le caveçon avec la longe pour rompre le galop.

Lorsque le Cheval saura trotter librement aux deux mains , & changer de main ; il faudra alors le monter sans éperons , en prenant toutes les précautions nécessaires pour le rendre doux au montoir.

Le Grenadier étant en selle,
tiendra les rênes du bridon sé-
parées, c'est-à-dire, une dans
chaque main.

On observera d'abord de le
faire trotter par le secours de la
longe & de la chambriere, comme s'il n'y avoit personne dessus.
Ensuite le Grenadier essayera de
le faire aller en avant sans l'aide de la chambriere, en baissant
les deux mains, serrant les jarrêts, & l'aidant un peu des gras
de jambes, & il le tournera
avec la rêne de dedans du bridon, sans qu'on tire la longe.
S'il refuse d'obéir à ces premiéres aides, on se servira alors de
la chambriere, & de la longe
comme auparavant, jusqu'à ce
qu'il soit accoûtumé à fuir pour
les jambes, & à tourner pour la
main de celui qui le monte.

Après avoir accoûtumé le Cheval à l'obéiſſance de ces premieres Leçons, ce qu'il exécutera en peu de jours, ſi l'on s'y prend de la maniere que nous venons de l'expliquer ; il faudra alors lui ôter la longe, & le mener en liberté au pas, & non au trot, ſur une ligne droite du quarré que forme le terrein dans lequel on exercera les Chevaux le long de chaque ligne, afin de lui faire connoître le terrein, & lui apprendre à tourner aux deux mains.

Lorſqu'il connoîtra ſon terrein, & qu'il obéira au pas par le droit, & en tournant, il faudra le faire trotter ſur les mêmes lignes droites, en examinant de quelle nature il eſt, pour proportionner ſon trot à ſa diſpoſition, à ſa force & à ſon courage.

Mais s'il se deffend, il faudra le remettre à la longe sans personne dessus, & le châtier vigoureusement de la chambriere, jusqu'à ce qu'il obéisse volontiers.

Il y a en général deux sortes de nature de Chevaux. Les uns retiennent leurs forces & sont ordinairement légers à la main; les autres s'abandonnent, & sont pour la plûpart pesans, maladroits, ou tirent à la main.

Il faut mener dans un trot étendu & hardi, ceux qui se retiennent, afin de leur dénoüer, dégourdir, déployer les épaules & les hanches : & ceux qui sont naturellement pesans, qui s'abandonnent ou qui tirent à la main ; il faut que le trot soit plus racourci & plus relevé, afin de les rendre légers du devant, & les préparer à se mettre ensemble. **Comme**

Comme ces premiéres Leçons de trot, ne doivent pas avoir pour but de faire la bouche, ni d'assûrer la tête du Cheval, on ne se sert que du bridon qui est excellent dans les commencemens pour lui conserver la bouche, parce qu'il apuye très-peu sur les barres, & point du tout sur la barbe.

Le bridon qu'il faut pour acheminer les jeunes Chevaux, est différemment fait de celui qui se met avec la bride : c'est celui qu'on appele bridon à l'Angloise ; l'embouchure est plus grosse & aux deux extrêmités, il y a deux petites barres de fer rondes, pour empêcher qu'il ne sorte de la bouche, lorsqu'on tire l'une des deux rênes.

Dès que le Cheval obéira fa-

cilement au pas & au trot avec
le bridon, il faudra lui mettre
une bride avec un simple canon,
& une branche droite & longue.
Cette embouchure est celle qu'on
donne aux jeunes Chevaux, &
s'appelle *Buade* , ayant attention de mettre un feutre à la
gourmette, pour lui conserver
la barbe.

SECONDE LEÇON.

Du Pas.

Il ne faut pas tenir un jeune
Cheval dans un pas racourci,
avant qu'il ait été préparé par
les arrêts & les demi-arrêts,
dont je parlerai plus bas.

C'est au pas lent & un peu
étendu qu'il faut mener un Cheval qui commence à sçavoir
trotter, afin de lui donner de

l'affûrance & de la mémoire.

Pour rendre la leçon du pas plus utile, il faut le mener fur différentes lignes droites, en le tournant tantôt à droite, tantôt à gauche fur une nouvelle ligne droite, plus ou moins longue, fuivant qu'il fe retient ou s'abandone ; c'eft-à-dire, que s'il s'abandone, il faut le mener fur une ligne plus courte, & s'il fe retient, fur une plus longue.

On ne doit pas tourner tout court, ni tout le corps du Cheval fur ces différentes lignes, mais feulement les épaules, afin de lui apprendre infenfiblement à tourner avec facilité pour le port de la main, fans aucune obfervation de terrein, que celle de tourner & d'aller droit, fuivant la volonté de celui qui le méne.   L ij

Quand il fera obéiſſant à cette leçon, il faudra le mener en pleine campagne, où dans un chemin ſur une ſeule & longue ligne droite. Si le Cheval ſe rend pareſſeux au pas, il faut le remettre au trot vigoureux & hardi, pour lui donner enſuite un pas diligent & étendu.

TROISIÉME LEÇON.

Du demi-Arrêt, de l'Arrêt & du Reculer.

Lorſqu'un Cheval marche, il eſt naturellement porté à ſe ſervir de la force de ſes reins, de ſes hanches, & de ſes jarrêts pour pouſſer ſon corps ſur le devant ; enſorte que ſes jambes de devant étant occupées à ſoûtenir cette action, il ſe trouve néceſſairement ſur les épaules, ce qui le rend rude & fatiguant.

L'Art a fait trouver un reméde dans les Leçons qu'on appelle le demi arrêt, l'arrêt & le reculer.

Le demi arrêt dans lequel on
tient un Cheval un peu sujet
de la main, sans l'arrêter tout-
à-fait, se forme en retenant doucement la main de la bride près
de soi, les ongles un peu en
haut pour retenir & soûtenir le
devant du Cheval, lorsqu'il s'appuye trop sur le mors, ou lorsque l'on veut le ramener & le
rassembler.

L'arrêt se fait de la même
maniére; mais on tient la main
de plus ferme en plus ferme,
pour obliger le Cheval à s'arrêter tout-à-fait.

Pour bien marquer un arrêt,
il faut en retenant la main de la

bride, chasser un peu les hanches avec les gras de jambes : ensorte que le corps du Cheval se soûtiene dans l'équilibre sur les jambes de derriere, sans se traverser, c'est-à-dire, que les jambes de derriere soient sur la ligne des épaules.

On ne doit pas marquer ce tems de la main d'un seul coup, mais y préparer le Cheval en mettant les épaules en arriere, les coudes joints au corps, & retenant de façon qu'il rallentisse son allure pour le demi arrêt ou tout-à-fait, si on le juge à propos.

Dans l'instant que le Cheval obéit à ce mouvement, il faut lui faire une descente de main, c'est-à-dire, la lui rendre pour lui reposer les barres, & lui rendre la bouche fraîche. Il faut enfuite reprendre ou remarcher en avant.

Le propre de cette Leçon eſt de raſſembler les forces d'un Cheval, de le relever du devant, de lui aſſûrer la tête & les hanches, & de le rendre léger à la main ; mais il faut en uſer modérément , & qu'elle ſoit proportionnée à l'âge & à la force du Cheval ; car on affoibliroit les reins , & les jarrets d'un jeune Cheval, on l'eſtropiroit même , ſi on lui marquoit trop d'arrêts, & de demi-arrêts, avant qu'il eut pris ſes forces.

Ces ſortes de tems doivent ſe prendre doucement & ſans forcer la main ; ſurtout y préparer le Cheval, ſans quoi on le gâteroit plutôt qu'on ne le dreſſeroit.

Quand un Cheval ſe retient

naturellement , on ne lui demande de demi-arrêts que pour
lui donner de l'appui , & s'il
veut s'arrêter de lui-même on le
châtie des éperons , pour lui faire craindre les jambes & les jarrets.

Si au contraire , il s'appuye
trop fur la main , les arrêts & les
demi - arrêts doivent - être plus
fréquens , & marqués feulement
de la main de la bride , fans aide
des jarrets , ni des gras de jambes.

Si enfin il continue de s'appuyer & de s'abandoner fur la
main en la forçant , & en s'en
allant malgré le Cavalier , il
faut l'arrêter tout court , & le
reculer pour le châtier de cette
défobéiffance.

A chaque mouvement qu'un
Cheval fait en reculant , une

des jambes de derriere eſt ſous le ventre, il eſt tantôt ſur une hanche, & tantôt ſur l'autre; mais il ne peut long-tems ſoutenir cette action; elle n'eſt utile que lorſqu'il commence à s'aſſouplir, & à ſouffrir le demi arrêt, & l'arrêt...

Comme cette Leçon fait de la douleur aux reins & aux jarrêts; il faut en uſer modérément dans les commencemens.

La ſituation de la main doit être la même pour le reculer, que pour l'arrêt: enſorte qu'après avoir arrêté le Cheval, il faut le retenir comme ſi on vouloit marquer un nouvel arrêt, & lorſqu'il obéit, & qu'il recule un pas ou deux, il faut lui rendre la main & le flatter. De jour en jour on lui demande un peu davantage.

S'il s'obſtine à ne vouloir point reculer, un homme à pied doit toucher légérement avec une gaule ou houſſine ſur le poitrail, ſur les genoux & ſur les boulets, & pour peu qu'il obéiſſe, c'eſt-à-dire, qu'il faſſe un ou deux tems en arriere, il faut le careſſer.

Lorſqu'il obéira facilement à cette Leçon, on lui aprendra à reculer droit, ſans ſe traverſer, afin qu'il plie les deux hanches ſous lui en reculant à chaque pas qu'il fait en arriere ; on doit le tenir prêt à reprendre en avant pour les gras de jambes, de peur qu'en reculant trop vîte, & précipitant ſes forces en arriere, il ne faſſe une pointe en danger même de ſe renverſer, ſurtout s'il a les reins foibles.

Après avoir reculé & arrêté un inſtant, il faut lui tirer doucement la tête avec la rêne, tantôt à droite, tantôt à gauche, ſuivant la main où il eſt le plus roide. On lui fait enſuite joüer le mors dans la bouche en badinant avec la rêne, ce qui l'accoûtume à plier du côté qu'il va, & le prépare pour la Leçon de l'épaule en-dedans.

Il eſt auſſi bon à la fin de chaque repriſe au trot, de tourner un Cheval aux deux mains, de tête à queue tout doucement, & à la même place tirant la rêne circulairement en aidant du gras de la jambe du même côté.

QUATRIÉME LEÇON.

De l'Epaule en-dedans.

Pour mettre un Cheval l'épaule en-dedans, on doit d'a-

bord le placer fur la ligne droite du quarré : il faut enfuite lui
tirer la tête & les épaules vers
le dedans du quarré, lui laiſſer
la croupe fur la ligne , & le
faire marcher au pas dans cette
poſture, le long des quatre lignes droites, qui forment le
quarré du terrein, en l'aidant
de la rêne, & de la jambe de
dedans. Lorſque le Cheval marche dans cette attitude, il d'é-
crit deux lignes droites, celle
des épaules, & celle des hanches. La ligne des épaules ou
des jambes de devant doit être,
comme on vient de le dire, en
dedans, & vers le centre du
quarré, à la diſtance d'environ
un pied & demi ou deux de la
ligne droite , & celle des hanches, c'eſt-à-dire, des jambes
de derriere, doit toûjours être

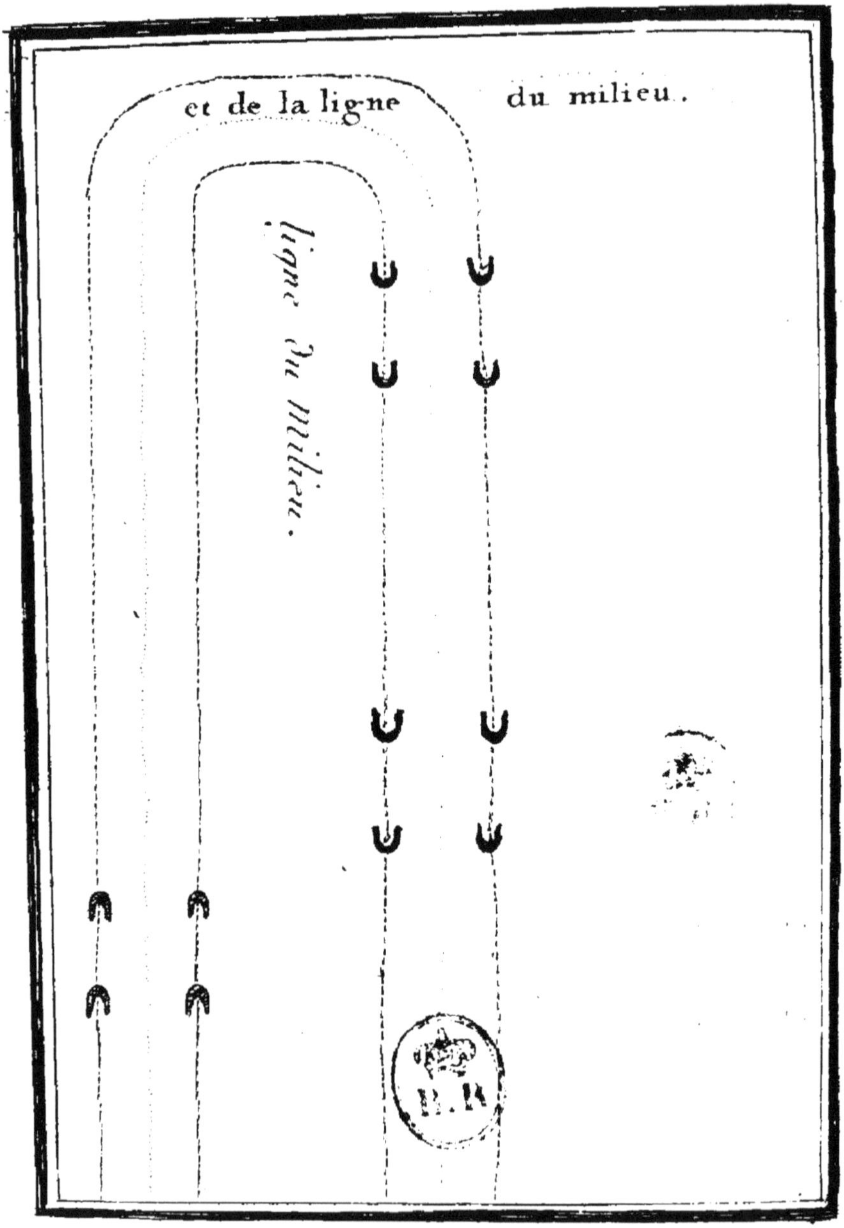

et de la ligne du milieu.
ligne du milieu.

pag. 132.
Plan de Lepaule en dedans
Ligne des epaules.
Ligne des hanches.
Ligne des hanches.
Changement de main
a gauche.
Lepaule en dedans
a Droite.
a gauche.

fur la ligne du quarré : ce qui eſt rendu encore plus ſenſible dans le plan de terre, qui eſt au commencement de ce Chapitre, où l'on voit clairement ce paſſage des jambes l'une par deſſus l'autre, & la poſition des pieds du Cheval à chaque mouvement qu'il fait.

Avant que de mettre l'épaule en dedans à un Cheval, il faut qu'il ſache trotter librement aux deux mains, tant ſur la ligne droite que ſur le cercle ; qu'il obéiſſe facilement aux demi-arrêts, aux arrêts & au reculer, & qu'il commence à ſe plier à la main où il va.

La leçon de l'épaule en dedans continuée & bien exécutée, ne donne pas ſeulement une entiere ſoupleſſe aux épaules ; mais elle renferme encore deux autres avantages très-essentiels, qui font de mettre un Cheval sur les hanches, & de lui aprendre à connoître & à fuir les talons avec facilité.

1°. Elle assouplit les épaules, puisqu'à chaque pas qu'un Cheval fait dans cette attitude, il porte en avant la jambe de dedans de devant, par dessus celle de dehors; & il ne peut faire cette action sans étendre les muscles de l'épaule, ce qui facilite & augmente le mouvement de cette partie.

2°. Le même mouvement que le Cheval fait dans cette attitude avec les jambes de devant, il l'exécute aussi avec celles de derriere, en portant en avant la jambe de derriere de dedans, & la plaçant sous le ventre, au-dessus & sur la ligne de celle de dehors ; ce qui l'oblige de baisser la hanche , & de plier le jarret , qui est ce qu'on appelle Etre sur les hanches.

3°. La même Leçon apprend aussi à un Cheval à connoître & à fuir les talons , ce qu'on appelle vulgairement *aller de côté* , parce qu'à chaque mouvement qu'il fait dans cette posture , il est obligé de passer & de chevaler les jambes l'une par dessus l'autre, tant celles de devant, que celles de derriere. Et c'est par-là qu'il acquiert la facilité d'aller librement de côté à l'une & à l'autre main.

Il faut encore observer, que lorsqu'un Cheval marche l'épaule en dedans , tout son corps est plié en arc, ce qui lui fait plier les côtes , dont la souplesse est absolument nécessaire pour faire agir les reſſors des épaules & des hanches.

Il ne faut pas dans les commencemens trop contraindre un Cheval, ni le tenir trop long-tems dans la ſujettion d'une attitude, qui tient les muſcles de tout ſon corps dans une continuelle contraction, juſqu'à ce qu'il ait acquis par de fréquentes Leçons l'habitude d'obéir librement aux deux mains.

La défenſe la plus ordinaire à un Cheval, lorſqu'on commence à lui demander cette Leçon, c'eſt de mettre la croupe en dedans au lieu des épaules. On remédie à cette défenſe en le pinçant vivement du talon de dedans, pour lui chaſſer les hanches vers la ligne du quarré, & lorſqu'on le pince, il faut lui tenir la tête en dedans.

une

Une autre défenſe, c'eſt de s'acculer, pour embarraſſer ſon Cavalier. Le reméde à celle ci, eſt de le mener ſur un cercle large, & de lui tenir la tête & les épaules en dedans de la ligne des hanches, comme ſi on le travailloit le long de la ligne droite.

Lorſque le Cheval commence à obéir à la Leçon de l'épaule en dedans aux deux mains, il faudra lui faire prendre les coins, qui eſt le plus difficile de cette Leçon : il faut pour cela, au bout de chaque ligne droite, faire entrer les épaules dans le coin avec la rêne de dedans, lui conſervant avec la même rêne la tête placée en dedans, & dans le tems qu'on tourne les épaules ſur l'autre ligne, il faut avec la jambe de dedans faire paſſer les

hanches par où les épaules ont
paſſé. Si le Cheval refuſe de
paſſer la croupe dans le coin, en
ſe tenant large du derriere, &
en ſe cramponnant ſur la jambe
de dedans de derriere, (défenſe la plus ordinaire aux Chevaux) il faudra le pincer du talon de dedans , dans le tems
qu'on tournera les épaules ſur
l'autre ligne.

Lorſqu'on change de main
dans cette leçon , il faut traverſer le quarré d'une ligne à l'autre ſur une ligne droite & tranſ-
verſale, & tenir le Cheval dans la
même poſture où il étoit le long
de la ligne droite c'eſt-à-dire, la
tête & l'épaule en dedans de la
ligne , comme il eſt marqué
dans le plan de Terre. Lorſqu'il eſt arrivé à l'autre main , il
faut le remettre dans la poſture

de l'épaule en dedans à cette main, afin de le rendre également souple & obéiſſant aux deux mains.

Sur trois repriſes qu'on a coutume de faire, & qui ſont ſuffiſantes chaque fois qu'on monte un Cheval, il faut lui en demander une au trot hardi & déterminé, afin de le maintenir dans la crainte & le reſpect, pour la main & les jambes du Cavalier; car il faut toujours re-venir aux principes qui demandent la ſimple obéiſſance, juſqu'à ce qu'il ſoit entiérement li-bre & ſouple de tout ſon corps

On croit avoir aſſez prouvé que la leçon de l'épaule en de-dans, exécutée de la maniére qu'on vient de l'expliquer, eſt le ſeul & le vrai moyen d'aſſouplir & de rendre obéiſſans toutes ſortes

de Chevaux, quelques roides &
indociles qu'ils foient. On peut
mêmes aſſûrer hardiment, que
toutes les autres méthodes n'o-
pérent qu'une fauſſe pratique,
qui ne fert qu'à confondre, avi-
lir, étourdir & tarabuſt r, pour
ainſi dire, un pauvre animal,
qui eſt continuellement obligé
de partager fon martyre avec celui qui le monte.

Bien des gens trouveront que
c'eſt trop demander à des Chevaux de Troupe, & que cette
méthode eſt trop compoſée;
qu'ils ayent la bonté de faire re-
fléxion que l'Eſcadron des Grenadier à Cheval eſt toujours en-
femble : que ceux qui le compofent font des Gens faits, appliqués à leur métier, & qui ne demandent pas mieux que de s'inftruire: de plus, les démonſtrations
que je ferai de ces leçons les leur

rendra si claires, que je ne suis
pas en peine, avec le secours de
mes camarades, de les leurs faire pratiquer avec fruit.

CINQUIEME LEÇONS.

Du Galop.

Dès qu'un Cheval sçaura trotter librement aux deux mains,
qu'il obéira facilement aux arrêts, demi arrêts, au reculer,
& qu'il sera plié par le moyen
de la Leçon de l'épaule en dedans, il se présentera de lui-
même au galop.

Lorsqu'on commence à ga-
lopper un Cheval, il faut le
mener d'abord dans un galop
uni, c'est-à-dire, sans le retenir ni le chasser trop.

La descente de main, ac-
compagnée de l'envie d'aller,

eſt une aide excellente ; elle ſemble avoir été inventée exprès pour accoûtumer un Cheval à galoper ſans bride , c'eſt à dire , ſans que le Cavalier ſoit obligé de le ſoûtenir à tout moment.

Il faut que la Leçon du galop ſe faſſe , tantôt ſur un cercle large & étroit , comme au trot , & tantôt ſur la ligne droite , & ne pas faire de longues repriſes dans les commencemens : car au lieu de donner de l'haleine au Cheval , & de lui donner la facilité du galop , on l'endurciroit , & on le rebuteroit.

On doit auſſi quitter ſouvent le galop , & reprendre le pas , afin de donner au Cheval le tems de reſpirer.

Cette maniére de mener un Cheval alternativement du galop au pas , & du pas au galop , lui donne autant d'haleine que ses forces & son courage le lui permettent.

Il faut faire ensorte à chaque arrêt de galop, que le Cheval ne fasse pas un seul tems de trot ; car cela est fort incommode au Cavalier.

Une excellente Leçon pour confirmer un Cheval dans le galop, c'est de le galoper dans un cercle large, à main gauche, en le tenant un peu plié à droite, & uni sur le pied droit. Cette façon empêche qu'il ne se désunisse, lorsqu'on est obligé de tourner à gauche.

Une autre méthode qui est très-bonne, c'est de galoper un Cheval en serpentant ; c'est-à-dire, qu'au lieu de galoper sur tout le cercle, il faut renverser à tous momens les épaules sans changer de pied, en décrivant à peu-près le même chemin que fait un Serpent lorfqu'il rampe. Rien ne confirme mieux un Cheval fur le bon pié, ni lui affûre tant les jambes que cette leçon. Elle eft aifée à pratiquer lorfque le Cheval y a été préparé au galop fur un cercle à gauche, placé & uni à droite

Cette leçon doit fe donner en pleine Campagne, afin de l'accoutumer à toutes fortes d'objets, & de lui apprendre auffi à galoper fûrement fur toutes fortes de terreins, comme terres labourées, errein gras, prés, &c.

Il eft très important de fortir fouvent les jeunes Chevaux, & de les mener promener le long des chemins & en pleine Campagne, où fe trouvent une infinité

nité d'objets, qui les effrayent d'abord, & auxquels il faut les accoutumer par la patience & la douceur.

Il ne faut jamais battre un Cheval qui a peur de quelque objet, ni chercher à l'en aprocher tout d'un coup, parce qu'au lieu de le raſſûrer on augmenteroit ſa frayeur.

Il faut donc y aller très-doucement, & quand il a fait quelques pas en avant ſur ce qui l'épouvante, il faut le flatter & le laiſſer un moment tranquille. Après quoi l'on tâche de cette maniére à l'aprocher aſſez près de l'objet pour qu'il puiſſe le ſentir & le reconnoître. Il faut toûjours le flatter quand il a obéi; car l'eſpoir de la récompenſe fait effet ſur ces animaux, ſans comparaiſon, comme ſur les enfans.

N

Il y a des Chevaux si timides, que tout leur fait ombrage & les effraye au point de se préci- piter de peur. Il ne faut jamais les sortir seuls, mais avec des Chevaux faits qu'on fait passer devant, & quand on sera près de ce qui les aura effrayé, on les flattera, & on le leur fera connoître & sentir.

Les Chevaux qui n'ont pas la vûe bien nette, sont pour la plû- part ombrageux, & ne se cor- rigent jamais, parce qu'il n'est pas possible de réformer la na- ture.

Les jeunes Chevaux sont aussi très-sujets à broncher, ce- la vient de la foiblesse de leurs jambes, de ce qu'ils ne sont point accoûtumés à porter ; de ce qu'ils ne sçavent point encor marcher: & très-souvent de la construction de leurs pieds ?

Il faut sur toutes choses, bien
se garder de les battre, ou de
leur donner de l'éperon dans ces
cas là. Outre qu'il n'y a pas de
raison de maltraiter un pauvre
animal qui ne pêche que par la
foiblesse de l'âge ; c'est qu'il en
résulte un très-grand mal ? Un
Cheval qui est accoûtumé à être
châtié, quand il fait un faux
pas, cherche à éviter le châtiment, & se précipite en avant.

Plus le Cheval est vigoureux
& plus on risque, parceque se
trouvant dans un mauvais chemin, où les Chevaux les plus
fermes peuvent broncher, celui
qu'on a accoûtumé à craindre le
châtiment en pareil cas, pour
l'éviter, s'élance en avant ou de
côté, peut se tuer ou s'estropier.
Celui qui le monte, court les
mêmes risques.

Je conclus donc de-là qu'il
faut être attentif à foûtenir fon
Cheval de la main & des jambes, fur le mauvais pavé, dans
les mauvais chemins, en def-
cendant une montagne, dans
les bourbiers; enfin dans tout
terrein difficile, & ne jamais
l'attaquer quand il fait un faux
pas.

A la fin d'une longue journée
par le mauvais tems, on fe trouve fatigué : cela donne de l'humeur, & on la paffe fur un pauvre animal qui eft excédé de
fatigue. Avec de l'attention à
foûtenir fon Cheval, on ne tombe point dans ce vice, qui eft
puniffable.

Quand il fe rencontre des
foffés, il faut les defcendre &
les remonter, plûtôt que de
chercher à les faire fauter au

Cheval, parce que s'il manque son tems, il peut tomber les jambes de derriere dedans, fe caffer les reins, & tuer celui qui le monte.

Il eft néceffaire que les Chevaux de troupe foient accoûtumés à l'odeur de la poudre, au bruit des armes à feu, aux cliquettis, & au luifant de l'arme blanche; enfin au bruit de la caiffe.

Lorfqu'on voudra accoûtumer un Efcadron au feu, il faut le mettre en bataille, les rangs bien ferrés & très-près les uns des autres. Faire tirer les premiéres fois une vingtaine de coups de piftolets, & augmenter à mefure que les Chevaux s'y font. Les gens qu'on fait tirer doivent être répandus dans toute la longueur de l'Efcadron, afin que les Chevaux entendent tirer de tous les côtés.

Ce n'est qu'à force de brûler de la poudre qu'on vient à bout d'accoûtumer parfaitement tous les Chevaux d'un Escadron au bruit des armes à feu, & à l'odeur de la poudre. Un autre moyen d'y parvenir , qui est plus long à la vérité ; mais bien aussi sûr : c'est d'y travailler par remontes. Pour cela il faut que les jeunes Chevaux soient ensemble dans les mêmes Ecuries, alors il faudra aux heures de l'avoine , brûler d'abord quelques amorces dans l'Ecurie pour les faire à l'odeur de la poudre & à la fumée. Quand ils y seront faits : on mettra un peu de poudre dans le canon sans bourre, à mesure qu'ils se feront à ce bruit , qui est un peu plus fort

que celui des amorces, on ju-
gera s'il eſt tems de charger le
piſtolet à demi charge d'abord,
enſuite avec une bonne charge ?
Il faut auſſi leur faire entendre
le bruit de la caiſſe, obſervant
que les tambours battent très-
doucement les premiers jours,
& par repriſes, dans l'intervale
deſqu'elles les Palefreniers van-
neront l'avoine. Cette méthode
eſt très-bonne.

Quand ils ſouffriront le bruit
du coup de piſtolet, l'odeur &
la fumée de la poudre, & le ſon
de la caiſſe à l'écurie, il faudra
les mener en plaine ; qu'un
homme à pied brûle quelques
brandons de paille, prenant le
vent de façon que la fumée
leur aille dans le nés, & tâcher de
les en faire approcher. Quand
ils s'en approcheront ſans crain-
N iiij

te, ils fera bon de faire tirer quelques coups de fufil par dès gens à pied, prenant auffi le vent, & à une trentaine de pas de diftance, ils s'accoutumeront infenfiblement au bruit & à l'odeur de la fumée : Alors on commencera à brûler des amorces deffus, des demi-charges, puis le coup de piftolet.

Il faudra, quand on les ira promener, tirer les fabres du foureau doucement, les remettre de diftance en diftance : Quand ils feront fages à ce mouvement, il faudra en les flatant leur faire voir les lammes des fabres, pour les accoutumer au brillant quand le Soleil donne deffus. Quand ils feront tranquilles & qu'ils fouffriront tout ce dont nous venons de parler, il faudra que les Grenadiers croifent leurs fabres pour les faire au cliquettis.

Il sera aussi très-bon de les faire marcher par rang, pour qu'ils s'accoutument à être pressés & serrés. Quand ils seront entiérement faits à toutes ces choses, on les mettra dans l'Escadron.

Il est aisé de concevoir qu'en s'y prenant de cette maniére, à chaque remonte qui arrivera à la Compagnie, insensiblement tous les Chevaux de l'Escadron seront tranquiles au bruit des Armes & à tout autre bruit de Guerre : mais cela demande bien du tems & beaucoup de soins.

Il n'est point surprenant que nos Chevaux ayent été sages aux affaires où nous nous sommes trouvez cette derniere guerre, quoiqu'on n'ait pas eu le tems de prendre les mesures

dont nous venons de parler.
Presque toutes les affaires font
précédées de marches pénibles ;
les Chevaux font fatigués, le
grand bruit les étonne, le fifle-
ment des bales & du boulet les
intimide, & la crainte les oc-
cupe au point qu'ils fe laiffent
conduire comme l'on veut.

CHAPITRE XIV.

Des défenses des Chevaux, & des moyens d'y remédier.

LEs défenses des Chevaux naissent souvent plûtôt de l'ignorance & de l'indiscrétion de ceux qui les ont montés, que des défauts naturels des Chevaux mêmes. Ils auront été battus mal-à-propos, & avec acharnement, ou on leur aura demandé des choses au-dessus de leurs forces.

Elles peuvent aussi provenir de la trop grande timidité, & des défauts naturels. De quelque cause qu'elles viennent, je vais donner les moyens de remédier aux plus ordinaires.

Un Cheval est difficile au montoir. Allez à la source d'où peut provenir ce vice ? Il provient ou de l'ignorance, ou de la brutalité de ceux qui l'ont monté les premiers ; ou de ce que la selle l'a blessé ; ou d'un caractere naturellement méchant.

De quelque cause qu'il provienne ? ne le battés pas ? bien loin de le corriger de ce défaut, vous l'y confirmeriez. Flattez-le en l'aprochant, maniez sa tête & ses crins ? Frapez en lui parlant sur le siége de la selle ? Tenez-vous ferme ensuite. Mettez seulement le pied à l'étrier pour assurer le Cheval, qui doit avant que de passer plus loin, s'accoûtumer, & perdre l'appréhension qui lui fait haïr le montoir. Peu à peu il se laissera monter. Vous le remonterez plusieurs fois de suite sans lui demander autre chose. Vous le flatterez chaque fois & le renverrez à l'Ecurie.

Lorsqu'un Cheval s'enfuit dès qu'on est en selle, de la place où on le monte, il faut l'y ramener, l'y tenir quelque tems, le flatter & le descendre.

Les premiéres Leçons doivent être données avec attention & beaucoup de prudence, quand il s'agit de ramener un Cheval de la liberté à l'obéissance & à la sujettion de la selle, de la bride, & du poids du corps de l'Homme.

Il se trouve des Chevaux qui sont sujets à se coucher dans l'eau, pour remedier à cette mauvaise habitude qui peut avoir des suites très-dangereuses. Il faut a-

voir deux bales de plomb percées
& attachées à une petite ficelle
dans le moment que vous fen-
tirés que le Cheval fera prêt à fe
coucher , vous les lui laifferés
tomber dans les oreilles, & s'il
fe releve ou continuë fon chemin,
vous les retirerés. Un autre
moyen qui reuffit fort bien
pour les corriger de ce défaut ;
c'eft de leur rompre entre les
deux oreilles, une bouteille pleine d'eau qui foit couverte d'ozier
& faire couler dans les oreilles
l'eau qu'elle contenoit.

Un Cheval retif eft un Cheval
qui ne veut point aller en avant,
qui fe défend à une place par des
contretems de differente efpece.

Ce n'eft que par la douceur
& beaucoup de patience , qu'on
peut ramener un Cheval qui a
gardé longtems ce vice , qui pro-

vient ordinairement d'avoir été trop contraint & trop gourmandé.

Il faut avec ces Chevaux autant de douceur que s'ils étoient Poulains: il faut les monter sans éperons, & se servir d'une gaule ou cravache pour les chasser en avant ; vous les étonnerés moins. Les éperons effrayent un Cheval. Ils le rendent timide & seroient plutôt capables de le faire devenir retif que de le déterminer, s'il étoit Ramingue, on appelle un Cheval Ramingue celui qui s'attache à l'éperon & qui recule ou ruë à la même place, au lieu de se porter en avant. Ce défaut vient de ce qu'on a fait sentir à ces Chevaux trop vivement , trop souvent & indiscretement les éperons.

Il est très-essentiel que les Gre-

nadiers faſſent beaucoup d'attention à cet article, & qu'ils
ſe ſouviennent qu'il faut rarement faire ſentir les éperons à
un Cheval, ſur tout quand il
eſt jeune : outre qu'on l'endurcit
& que ce chatiment ne fait plus
d'effet, c'eſt qu'on court riſque
de le déſeſperer & de le rendre
retif ou Ramingue.

On peut encore, pour corriger
le Cheval retif, le faire beaucoup reculer dans le moment
même de défenſe : quelquefois
ce châtiment réuſſit ; mais la
régle géneral eſt de porter en
avant tout Cheval dont les
contre-tems ſe font à la même
place, ſoit que ſes ſauts déréglés
ſe faſſent en tournant ou en ſe
traverſant, & pour cet effet,
rien n'eſt meilleur que de les
pouſſer en avant.

Le

La plus dangereufe des défen-
fes, eft celle dans laquelle le
Cheval fe léve précipitamment
fur les pieds de derriere, &
prefque tout droit, parceque
dans cette fituation, il peut fe
renverfer fur le Cavalier, & que
le Cavalier, par conféquent
court rifque de perdre la vie.
On en corrige le Cheval par
un châtiment qui ne produit
qu'un effet dangereux, s'il n'eft
pas donné à propos.

Lorfque le Cheval fe léve
droit pour former fa pointe,
mettez tout votre corps en avant;
rendez toute la main, le con-
trepoids de votre corps le force-
ra à remettre les pieds de devant à terre. Pour le corriger,
ferrez des deux, & appuyez
vivement les talons & les éperons dans le tems que les pieds

O

de devant feront près de terre.

Ce châtiment doit être donné avec une grande juftelfe & une grande précifion ; car fi vous ferrez des deux, où vous attachez aux rênes dans le tems que le devant du Cheval eft en l'air ; il fe renverfera. Au contraire, fi après avoir rendu tout-à-fait la main , vous n'apuyez les éperons que dans le tems que fes pieds de devant feront prêts de terre, & qu'il retombera ? Il eft impoffible qu'il fe renverfe, parceque dès que fa pointe eft terminée & qu'il vient dans fa pofition ordinaire, il ne peut relever fon contretems, fans prendre la force de terre. Or avant de lui en donner la liberté, il a effuyé le châtiment qui le porte en avant & le corrige.

Les Chevaux qui font fujets

à ruer, soit en allant en avant,
soit à la même place, veulent
être extrêmement renfermés,
c'est-à-dire, tenus de la main ;
reculez-les vigoureusement, &
vous leur ôterez ce défaut.

Ceux qui sont ombrageux se
jettent souvent de côté ? de tous
les contretems que peut faire un
Cheval ; celui-ci est le plus dangereux, parce qu'il surprend le
Cavalier : dans ce cas il faut vîte
reprendre son assiette, & soûtenir le Cheval de la jambe du
même côté où il s'est jetté. Le
pincer même de l'éperon, si
après son faut il vouloit conti-
nuer à fuir de ce côté.

Il y en a qui par méchanceté
ou pour avoir été agacés, cherchent à mordre, on les corrige
de cela en leur donnant avec une
houssine sur le nez quand ils

tournent la t te pour mordre. Quand ce vice eſt enraciné, il faut leur préſenter quelque choſe de dur ou de très chaud. Dès qu'ils s'y feront attrappés une fois ou deux, ils ſe corrigeront.

Pluſieurs Chevaux donnent des coups de tête, ce qui eſt déſagréable & dangereux : cette mauvaiſe habitude provient de la dureté ou du peu d'aſſurance de la main de ceux qui les ont monté. Le reméde le plus ſûr, c'eſt de tenir ces ſortes de Chevaux dans la main ferme, ayant attention de la tenir un peu baſſe, & dans l'inſtant que le Cheval veut donner le coup de tête, on arrête la main, & on aproche les gras de jambe.

La douleur qu'il ſent ſur les barres par la ſaccade qu'il ſe donne lui - même, l'oblige à baisser le nez, à le ramener, & le corrige dans peu de tems.

Ceux qui tirent & battent à la main, veulent être menés avec un appui léger, retenant & leur rendant souvent la main.

Il y a des Chevaux qui ont l'encolure & la ganache faites de façon qu'ils raménent jusqu'au poitrail, ce qui s'appelle s'encapuchoner. Comme ce défaut vient de la conſtruction, il n'y a d'autre moyen d'y remédier, qu'en leur donnant un mors, dont les branches ſoient fort courtes : Quand on n'a pas cette attention, la branche du mors ſe prend dans le poitrail, & la douleur que le Cheval ſent par la preſſion du mors ſur les barres, fait que ſouvent il ſe précipite ou ſe renverſe.

On peut éviter ces accidens

en ne mettant point de poitrail
à ces fortes de Chevaux : Mais
pour cela il faudroit toujours
marcher en plaine ; car venant
à monter la felle couleroit en
arrière, & pourroit bleffer le
Cheval.

Il y a encore un moyen
pour empêcher les Chevaux qui
s'encapuchonent de ramener fi
près, c'eft de mettre entre la
ganache & le gofier un morceau
de bois de la groffeur d'une
pomme, percé par les deux
bouts, & tourné en forme d'o-
live qu'on fait paffer dans la fous-
gorge de la bride.

Il faut chercher à appaifer les
Chevaux qui ont de l'ardeur,
ne leur point faire fentir les
jambes, tâcher de les retenir de
la main feulement, & fur toutes chofes éviter de les tarabuf-

ter ; car au lieu de les tranquili-
ſer on augmenteroit leur ardeur. La patience avec ces ſortes de Chevaux eſt la ſeule choſe
qui réuſſiſe.

En liſant ce Chapitre avec attention , les Grenadiers pourront corriger leurs Chevaux ,
s'il s'en trouve qui ſoient ſujets
aux défauts dont nous venons
de parler , & ſauront la maniére dont il faut s'y prendre pour
en garantir de jeunes Chevaux
quand ils en auront , puiſque je
leur ai fait connoître la ſource
d'où proviennent la plus grande
partie des défenſes de ces Animaux.

CHAPITRE XV.

De la façon dont il faut s'y prendre pour instruire & placer à Cheval les nouveaux Grenadiers.

CEux qui seront chargés de faire monter les Grenadiers nouveaux, ne sauroient mieux faire que de se servir de la méthode suivante, qui est très-simple, & qui m'a très bien réussi jusqu' présent.

La premiére attention est de ne donner à des nouveaux que des Chevaux sage : Il seroit indiscret de faire monter des Chevaux difficiles & dangéreux à

des

des gens qui n'ont jamais monté à Cheval ; il eſt aiſé de ſentir les riſques qu'on leur feroit courir.

Je ſuppoſe qu'on les aura ſuffiſamment inſtruit de tout ce qu'il faut qu'ils ſachent, avant de monter à Cheval, en leur expliquant & faiſant pratiquer ce qui a été dit dans les Chapitres précédens.

On choiſira un terrein le plus à portée que faire ſe pourra de l'écurie où ſont les Chevaux des nouveaux Grenadiers. Il eſt néceſſaire que ce terrein ſoit doux & uni, s'il ne l'étoit pas ; il ſeroit eſſentiel de le rendre tel en y faiſant travailler ; pourvû qu'il ait cent cinquante pieds de long ſur cinquante de large cela ſuffit.

Pour le ſoulagement de la bouche des Chevaux qui ſeront

P

deſtinés à cet uſage : il feroit fort à propos qu'on ſe ſervit de bri-dons à l'Angloiſe, car il eſt ordi-naire que les gens qui montent à Cheval pour la premiere fois ſe tiennent à la bride : ce qui gâte la bouche des Chevaux.

Il faut partager la leçon en trois repriſes.

La premiere ſe doit faire au trot, & les rênes ſeparées.

La ſeconde au pas, les rênes dans la main gauche, la main placée.

Et la troiſiéme comme la pre-miere ; c'eſt-à-dire, au trôt les rênes ſeparées.

Ces repriſes doivent être cha-cune de quatre tours à droite, de quatre tours à gauche, & fi-nir toutes par deux tours à droite; c'eſt-à-dire, qu'il faut toujours fi-nir à droite.

A chaque tour entier on fait doubler, & pour aller de droite à gauche , on fait faire un changement de main.

Je vais expliquer ce que c'eſt que doubler & changer de main.

Le terrein dans lequel on exerce repréſentant un quarré long, lorſqu'on ſuit une des lignes qui en forme la longueur, & qu'elle eſt à la gauche du Cavalier ; dès qu'il eſt arrivé à l'extrémité de cette ligne , il eſt obligé de tourner à droite pour parcourir la ligne qui ferme le quarré long : C'eſt ce qu'on appelle travailler un Cheval à la main droite. Lorſqu'au contraire la ligne du quarré ſe trouve à la main droite du Cavalier, il eſt obligé aux angles de tourner à gauche, alors il travaille ſon Cheval à gauche.

Le doubler ſe fait en cou-

pant le quarré en deux, tournant à la même main, à laquelle on travaille le Cheval.

Le changement de main ſe
fait en traverſant le quarré d'u-
ne ligne à l'autre. Il ſera aiſé
de concevoir tout ceci par les
plans qui ſe trouvent plus haut.

Le trot étendu & vigoureux,
eſt la ſeule choſe qui faſſe trouver le fond de la ſelle, qui donne de la fermeté & de l'équilibre au Cavalier : c'eſt pourquoi
je conſeille fort d'en faire uſage,
au moins pendant quinze jours;
pour ceux qu'on voudra placer
à Cheval.

Il eſt bon d'avertir que ces
Leçons doivent ſe prendre ſans
étriers. On ne les donne que
quand le Cavalier commence à
être placé & bien aſſis.

Celui qui donnera Leçon,

doit fçavoir parfaitement par pratique tout ce que nous avons dit de la poſture de l'Homme de Cheval.

La premiere attention : c'eſt de faire comprendre que quand on ſe ſert de rênes ſéparées, & que l'on veut tourner d'un côté, il faut lever un peu la rêne & la main de ce même côté & baiſſer l'autre. Qu'il faut ſoûtenir le Cheval des mains & des jambes, quand on le fait tourner à droite ou à gauche, ſurtout au trot, crainte qu'il ne s'abatte.

Il faut que les Grenadiers qu'on fera trotter, ayent grande attention de chercher à placer leurs jambes : la vraye façon d'en venir à bout, c'eſt de les laiſſer pendre naturellement le long des ſangles près du Che-

 M A N U E L

val fans le toucher ; la pointe du pied un peu élevée , le talon bas , & tourné de maniére que l'éperon ne touche point le Cheval , & furtout de beaucoup tourner le haut des cuiſſes en dedans , de façon que le plat de chaque cuiſſe ſoit collé le long des quartiers de la felle.

Pour mieux trouver le fond de la felle, il faut quand on trotte fur une ligne droite , lâcher les jarrêts , & fe laiſſer fecoüer , ne fongeant à fe tenir que par l'équilibre du corps.

La tête doit être droite, aifée & bien placée. Les épaules baſſes , bien effacées , & un peu renverfées en arriere. Les reins un peu pliés auſſi. Les coudes joints le long des flancs naturellement ; furtout prendre bien garde qu'ils ne foient éle-

vés, ou en arriere ; car rien n'eſt
ſi déſagréable.

Nous avons dit que la ſeconde repriſe devoit ſe faire aû pas ;
les rênes dans la main gauche,
placée comme elle doit l'être,
ſuivant les principes détaillés à
l'article de la main de la bride.

C'eſt à cette repriſe qu'il faut
travailler avec ſoin à la poſture
du corps & des jambes.

Le défaut ordinaire aux com-
mençans, c'eſt d'avoir le côté
gauche plus en avant que le
droit, parce que la main de la
bride les porte naturellement de
ce côté ; il faut donc beaucoup
recommander d'avancer le côté
droit.

Une autre choſe très - eſſen-
tielle, c'eſt d'avertir ſouvent de
bien lever la tête ; quand on la
porteroit beaucoup plus haute

qu'il ne faut, l'expérience fait voir qu'elle ne baiſſe que trop-tôt, & rien n'eſt ſi défectueux à Cheval, que d'avoir la tête baſſe, il s'enſuit delà des épaules rondes, & une poſture déſagréable & choquante.

Quand, à cette repriſe, on aura fait faire les quatre tours aux deux mains, doubler & changer de main, il faut faire venir chaque Grenadier ſur la ligne du milieu ; lui faire porter ſon Cheval à droite doucement, ſans avancer ni reculer ; de maniére que le Cheval fáſſe le demi-tour à droite en entier. Quand il eſt arrivé à la poſition dont il eſt parti, on lui fait replacer la main : On lui fait faire la même choſe en portant ſon Cheval à gauche, & replacer auſſi ſa main : Enſuite en lui fait porter fon Cheval quatre ou cinq pas en avant ; puis on le fait reculer quelque pas , lui faifant comprendre que pour reculer droit , il faut fentir fon Cheval dans la main & dans les jambes , avoir le corps en arriére, & porter la tête du Cheval du côté où il jette trop fa croupe.

La troifiéme reprife fe fait , comme nous l'avons dit au trot ; comme la premiére, les rênes féparées.

Il faut toujours que le Cheval ait le bout du nés tourné du côté où on le travaille ; c'eft-à-dire à droite , quand on le travaille à droite , & du côté gauche , quand on le travaille à gauche.

Les rênes féparées ; cela fe fait en levant la main du côté

où l'on veut que le Cheval soit plié, & laissant l'autre.

Quand on a les deux rênes dans la main gauche ; cela s'exécute en racourcissant un peu la rêne du côté où l'on veut plier le Cheval.

Il faut accoutumer les Grenadiers à soutenir leurs Chevaux, surtout dans les coins du quarré, quand ils trottent, & leur montrer à les tenir dans la main, & à leur rendre la main ; les faisant passer de la main ferme à la main douce, & de la main douce à la main legére. Cette façon de gouverner la main de la bride est bien expliquée, & détaillée dans l'article où je traite cette matiére. Celui qui se chargera d'instruire les Grenadiers, doit la sçavoir parfaitement, & c'est la chose du monde la plus aisée à concevoir.

A la fin de la dernière reprise, il faut faire monter & descendre de Cheval chaque Grenadier en particulier, pour voir s'ils font l'un & l'autre comme il faut, leur recommandant sur-tout de ne point baisser la tête, & de bien étendre la jambe droite au-dessus de la croupe, crainte que l'éperon n'acroche la housse, ou ne pique le Cheval.

Après quinze jours de cet exercice sans étriers, & avec le bridon : les Grenadiers seront certainement placés de corps & de jambes. Alors on fera brider les Chevaux.

On leur montrera à se servir avec aisance de la main de la bride, & à prendre de tems en tems le bridon de la main droite, rendant tout-à-fait la

main de la bride pour foulager la bouche des Chevaux.
On ne fçauroit trop les accoûtumer à ceci : c'eſt un
moyen ſûr pour conſerver les
bonnes bouches , & pour ra-
commoder celles qui auroient
été gâtées.

La poſition des jambes avec
les étriers eſt la même que fans-
étriers. Nous avons dit plus haut
qu'il faut que le bout du pied
déborde d'un pouce ou deux l'é-
trier.

Une autre choſe qu'il faut faire
connoître aux Grenadiers , c'eſt
que le plat des étrivieres doit être
vis-a-vis de l'os de la jambe.

Il faut que les étriers ne foient
ni trop longs , ni trop courts ,
avertir fouvent de tourner un peu
la pointe du pied en dedans , d'a-
voir le talon bas , le haut des cuif-

ſes bien tourné en dedans , les jambes vis-à-vis des ſangles près du Cheval ſans le toucher , le genoüil plié , les jambes aiſées. Rien n'eſt ſi ridicule à Cheval que des jambes roides & en a-vant , on ne ſçauroit trop recom-mander en donnant leçon de laiſſer tomber les jambes naturel-lement & perpendiculairement du genoüil au talon.

Les nouveaux Grenadiers ſe-ront tout étonnés du jour qu'on leur rendra les étriers, de ſe trou-ver fermes & aſſis à Cheval, com-me s'ils n'avoient fait autre choſe toute leur vie.

Il eſt néceſſaire de leur ap-prendre comment il faut qu'ils s'y prennent pour ſe tenir fermes, ſi leurs Chevaux par gaïeté ou par malice faiſoient quelques mouvemens extraordinaires.

Quelques fauts que faffe un Cheval, jamais il ne dérangera l'affiette du Cavalier, s'il veut bien obferver ce qui fuit.

Quand un Cheval faute, il faut ferrer les genouils, plier les reins, & le chaffer en avant. Les gens qui ne font point inftruits fe roidiffent, fe mettent le corps en avant, fe tiennent des gras de jambes & font bien-tôt par terre : au lieu qu'en ayant les reins pliés, les genoux ferrés, quelques fauts que faffe un Cheval, à moins qu'il ne tombe, il ne vous défarçonnera jamais.

L'arrondiffement & le moëlleux du poignet de la main de la bride, étant ce qui coute le plus à ceux qui n'ont jamais monté à Cheval, il faut y faire grande attention, & replacer fouvent les mains qui fe dérangeront dans le courant de la leçon au pas, les rênes dans la main gauche.

Après les quinze jours d'Ecole sans étriers, huit suffiront pour perfectionner ce qu'on aura déja fait.

On commencera dans ces huit jours de nouvelles Leçons, par une reprise au trot, & l'on finira par une au pas, dans laquelle on sera fort attentif à corriger ce qui pourroit rester de défectueux dans l'attitude du corps, des jambes, & de la main de la bride.

Après quoi il faudra commencer à instruire les Grenadiers de ce qui concerne l'exercice. Pour cela, il faut d'abord les faire marcher au pas, à la file, leur faisant observer la distance de la longueur d'un

Cheval à l'autre, leur recom-
mendant furtout de faire grande
attention à leur chef de file,
& de bien obferver les diftances.

Quand ils auront fait un tour
ou deux de cette maniere, on
leur fera faire halte. On leur
fera enfuite mettre le fabre à la
main, ce qui fe doit faire par
un grand tour du bras droit, &
la tête haute. Il faut enfuite placer à chaque homme en particulier le fabre comme il doit être,
c'eft-à-dire, que le pommeau
porte fur la cuiffe droite, que
le tranchant foit bien en-dehors,
la pointe bien foutenue, ren-
trante près du chapeau fans le
toucher, de façon que la lamme traverfe le vifage depuis
l'œil gauche, jufqu'au bas de la
joue droite, la poignée bien
ferme dans la main droite.

Quand

Quand on leur aura fait faire deux ou trois tours dans cette attitude, on leur fera faire halte, & remettre les sabres dans le fourreau : les accoûtumer à faire ce mouvement, le plus diligemment qu'il sera possible, leur faisant observer un grand tour du bras droit, & leur recommandant de tenir le corps droit ; supposé qu'il n'y eut qu'un très-petit nombre de Grenadiers à exercer, il faudra commander des Anciens par tour, pour composer le nombre de huit, qui suffira pour pratiquer les mouvemens les plus essentiels de l'exercice.

Il faut ensuite faire border la haye à ces huit Grenadiers, marquer ceux qui doivent marcher, & ceux qui doivent soûtenir ? Quand cela est fait, leur faire

Q

faire à droite par deux, & avant
de les faire marcher, leur faire
remarquer la diſtance qu'ils doivent obſerver pour ſe remettre
juſte, quand on les fait marcher par deux.

Il faut ſurtout leur recommander en marchant de faire grande
attention à leur chef de file, &
que ceux qui ſoutiennent, prennent bien garde d'avancer ou de
reculer, mais ſeulement ſoutenir, & ſe mettre tout de ſuite
en mouvement, quand ce qui
a tourné eſt arrivé ſur la ligne
droite, & faire comprendre à
ceux qui ſont ſur les aîles qui
tournent, de faire bride en main,
quand ils ont tourné, & qu'ils
ſont prêts d'arriver ſur la ligne,
ſans quoi ils tourneroient trop:
faute de ces attentions qui doivent ſervir de régles pour toutes

les manœuvres , les rangs ne
font jamais alignés.

Après les avoir fait marcher
par deux , on les remet en haie ,
& on leur fait faire à droite par
quatre , les faifant auffi refter
fur ce tems , pour leur faire remarquer la diftance qu'il faut
qu'ils obfervent lorfqu'ils marchent par quatre. On les fait
remettre & marcher plufieurs
fois de cette maniere , afin de
les confirmer dans l'habitude de
connoître leurs diftances.

Il faut avoir attention , quand
on les fait marcher , foit par
deux ou par quatre , de faire
tourner tantôt la droite , & tantôt la gauche , afin que ceux qui
font aux aîles apprennent à marcher & à foutenir.

Il eft bien de les faire auffi
doubler , leur faifant entendre

que c'eſt par la gauche qu'il faut
le faire.

Le demi tour à droite par quatre, étant la baze de l'exercice
de la Compagnie, il faut beaucoup y exercer les nouveaux
Grenadiers ; mais au petit pas
d'abord, leur faiſant obſerver
avec attention ce que nous avons
dit plus haut, au ſujet de ceux
qui doivent ſoutenir ou tourner.

Quand ils exécutent bien ce
mouvement au pas, on leur fait
baiſſer la main au trot, & ſe remettre par le *Tourne à-moi* : Enſuite leur faiſant baiſſer la main
au galop on les accoutume à ſe
remettre diligemment.

Quand ils ſauront bien tout
ce qui a été dit ci-deſſus, ils ſe-
ront en état d'entrer dans l'Eſcadron, & n'y dérangeront rien.
Il ſera très utile pour eux, pen-

dant qu'il feront à la petite Ecole, que celui qui fera chargé du
foin de les inftruire, les méne
voir manœuvrer l'Efcadron, &
leur explique & faffe remarquer
chaque manœuvre, foit que la
Compagnie faffe l'exercice à
pied ou à Cheval.

CHAPITRE XVI.

Ce qu'il faut observer pour bien manœuvrer à Cheval.

L'ENVIE de bien faire ; beaucoup d'attention au Commandement, & surtout un grand silence, sont trois choses nécessaires.

Il faut tenir son Cheval dans la main & dans les jambes, de façon qu'on puisse le faire obéir diligemment au commandement.

Etre bien aligné sur son chef de file, & ne le jamais perdre de vûe, avoir l'œil à sa droite, & à sa gauche ; bien observer les distances en marchant, ne point gourmander son Cheval, le conduire seulement de la main & des jambes, chercher à l'appaiser; s'il a trop de gayeté ou d'ardeur, au lieu de le battre, pour le faire tenir tranquille, comme font beaucoup de gens, qui par cette façon, font voir qu'ils ont moins de raison que l'Animal qu'ils montent.

Après chaque mouvement, rendre la main à son Cheval pour le laisser respirer, lui soulager les barres, & rendre à cette partie la sensibilité qu'elle perd. Quand on tient trop longtems un Cheval dans la main ferme, l'appui continuel l'engourdit, & le mors ne fait plus d'effet.

Les Grenadiers qui se trouveront aux droites & aux gauches des rangs, doivent avoir

grande attention lorfqu'ils fou-
tien dront, devoir arriver la partie qui tourne, de tourner doucement leurs Chevaux, à mefure que cela eft néceffaire, fans
avancer ni reculer. Ceux qui
foutiennent fervant de pivot à
ceux qui tournent, s'ils fe dé-
rangent, il s'enfuivra le déran-
gement de tout le rang. Dès
que la partie qui tourne eft arrivée fur la ligne droite, ceux
qui ont foutenu doivent tout de
fuite fe mettre en mouvement
en avant, fans cela les rangs fe
trouveroient en écharpe.

Ceux qui feront placés aux
aîles qui tournent, doivent avoir
l'œil à la partie qui foutient, &
furtout avoir grande attention
à retenir leurs Chevaux, lorfqu'ils font prêt d'arriver fur
la ligne droite ; fans cette précaution

caution ils tourneroient trop : On ne fauroit exécuter ces mouvemens-ci avec affez de jufteffe & de précifion.

En marchant par efcadron ou par brigades, ceux qui occupent les aîles du fecond & troifiéme rang, doivent être attentif à obferver la diftance d'un rang à l'autre ; furtout en tournant, car rien n'eft fi defectueux & dangereux devant l'ennemi que de laiffer trop de diftance d'un rang à l'autre.

Ce défaut provient de la négligence de ceux qui fe trouvent aux aîles des rangs qui tournent. Pour ne pas tomber dans cet inconvenient, il faut que les Grenadiers qui feront placés aux aîles du fecond & troifiéme rang proportionnent l'allure de leurs Chevaux, à la viteffe dont par-

R

tent leurs chefs de file pour tourner.

Par, exemple je suppose que le premier rang s'ébranle au petit trot, le second doit suivre d'un trot plus étendu, & le troisiéme suivre le second au grand trot ou au petit galop. De cette maniere les distances d'un rang à l'autre seront conservées : l'Escadron tournera bien ensemble & d'une piece sans faire ce qu'on appelle l'éventail ; ce qui est la plus mauvaise manœuvre que puisse faire une troupe de Cavalerie.

La vraie distance qu'on doit observer d'un rang à un autre pour un Escadron, ne doit être que de deux pas ; depuis les pieds de derriere des Chevaux du rang de devant, aux pieds de devant des Chevaux du rang qui suit.

Pour exécuter parfaitement la caracole, soit par escadron, demi escadron, ou par brigade ; il faut que le centre & la partie qui soutient, voient venir la partie qui tourne, que les Grenadiers du premier rang tournent devant eux, & que ceux du second & du troisiéme suivent avec promptitude leur chef de file de l'aîle qui tourne ; ce qui se fait en portant la tête des Chevaux de ce côté-là, & en serrant la botte du côté opposé. Le mouvement du premier rang est tout différent de celui du second & du troisiéme.

On porte la tête des Chevaux du côté qui tourne pour donner la liberté au centre & à la partie qui soutient, d'agir sans faire le demi cercle, qu'il faut absolument éviter.

R ij

Beaucoup d'Officiers de Cavalerie font perfuadés que fuivant la maxime de l'Infanterie,
qui fait marcher un bataillon
très-ferré ; on en doit ufer de
même pour un efcadron : ce qui
ne me paroît pas naturel, d'autant que la manœuvre eft dif-
férente & que le Soldat en marchant n'excéde point à outrance
fon camarade ; mais les Chevaux
n'ont point cet égard, ils fe
jettent les uns fur les autres
lorfqu'ils font préffez : des gens
à Cheval trop ferrés , n'ont
point affez de liberté. Leurs jambes font froiffées , la douleur ex-
cite le murmure, l'Efcadron fe
retire par fon centre, & produit
un effet très-vicieux.

De plus, fi le Cheval eft contraint, il en eft moins actif, celui qui le monte eft dans le mê-

me cas. Il faut par conséquent
obferver une jufte proportion,
pour n'être ni trop ouvert, ni
trop ferré, qui font des excès
que la pratique fait éviter.

Qu'on marche par deux, par
quatre, par Brigade, ou par
Efcadron, il faut que les diftances des rangs foient proportion-
nément obfervées.

Quand on marche en Colon-
ne par Efcadron, ou par Brigade, & qu'en marchant on fait
un angle ; il faut que les trois
rangs de la Brigade ou de l'Efcadron tournent à la fois. L'aîle
des rangs du côté où l'on tourne, doit faire le pivot fans marcher en avant, jufqu'à ce que
l'aîle qui tourne foit arrivée en
droite ligne.

Quand on marche par quatre
R iij

ou par deux, il faut pareille-
ment que le Grenadier du coté
où l'on tourne, fasse le pivot,
& que les rangs se succédent les
uns aux autres, avant que de
tourner. Il faut observer pour
cela, qu'un Escadron est un
corps qui doit mouvoir à la fois;
de même qu'une Brigade, que
quatre ou deux Grenadiers for-
mant un rang.

Lorsqu'on marche en Colon-
ne, il faut toûjours suivre le
chef de file par la gauche, &
que les Sergens marchent sur la
droite des Brigades; sans quoi,
comme on se met d'ordinaire en
bataille par la gauche, ils se
trouveroient mêlés avec les Officiers, quand l'Escadron seroit
formé.

Les Grenadiers ne sçauroient

faire trop d'attention & lire trop souvent cet article. En suivant exactement toutes les régles qui y sont détaillées, notre Escadron fera plaisir à voir marcher ; une troupe de gens choisis, comme le sont les Grenadiers à Cheval, doit être convaincue qu'il ne lui est pas permis de faire médiocrement la plus petite des choses qui sont du Service du Roi, & du devoir de l'Homme de Guerre.

J'ai jugé que les Grenadiers seroient fort aise que je finisse ce petit ouvrage par l'exercice qu'ils font journellement. J'y ai joint des réfléxions sur chaque tems qui contribueront à les faire exécuter avec précision. Quand chaque Grenadier saura bien tous les commandemens de l'exercice par cœur , avec les moyens que je donne pour les bien exécuter. Chacun fçaura ce qu'il a à faire , & tout n'en ira que mieux.

CHAPITRE XVII.

De l'Exercice.

AVANT de faire les manœu-
vres, il faut que les rangs foient
égalifés & marqués par quatre.

L'on marque enfuite le demi-
rang, le tiers de rang, & les
quatre du centre de chaque
rang.

Il eft néceffaire pendant que
l'on marque les rangs, que les
Grenadiers du fecond & troifiéme rang foient bien alignés fur
leur chef de file, & fort attentifs, afin que ceux qui fervent de
ferre-file aux Grenadiers qui feront placés aux aîles du demi rang
& du tiers de rang, les fuivent &

tournent avec eux. Comme c'eſt de ceux-ci que dépend l'exécution des manœuvres qui ſe font par ſections, il eſt important qu'ils ſe reſſouviennent de la place qu'ils occupent dans l'Eſcadron.

PREMIER COMMADEMENT.

A droite, marche, tourne à moi.

I I.

A gauche, marche, tourne à moi.

Pour bien exécuter les *à droite* & les *à gauche* par quatre, il faut que la partie de chaque rang qui doit tourner, parte au commandement, ſoit *à droite*, ſoit *à gauche*, au pas rendant la main & approchant un peu les gras de jambes, ſans donner des éperons pour faire quatre pas,

comme je l'ai vû pratiquer souvent. Il s'ensuit delà que les
Chevaux qui ont été piqués
marchent trop, & qu'il faut né-
cessairement leur donner une sac-
cade pour les arrêter. On n'en
vient point à bout, & les rangs
sont tout de travers.

Ceux qui tournent doivent
prendre garde de tourner trop,
& ceux qui soutiennent de reculer ou d'avancer en soutenant;
ces derniers doivent aussi porter
la tête de leurs Chevaux du côté
où ils ont soutenu, afin de ranger par ce moyen la croupe, &
de donner à ceux qui doivent
former le rang à côté d'eux, plus
de facilité pour s'emboëter juste.

Aux *à droite* & aux *à gauche* : Il ne faut point faire *marcher* que les rangs ne soient formés & alignés par deux raisons;

la premiére, c'eſt que ſi l'on faiſoit *marcher* avant que les rangs ſoient arrivés ſur la nouvelle ligne qu'ils doivent former, ſoit *à droite*, ſoit *à gauche*, ils ne pourroient que très-mal marcher, juſqu'à ce qu'ils ſe ſoient redreſſés. La ſeconde raiſon, c'eſt qu'en faiſant une poſe entre le commandement des *à droite* & des *à gauche* à celui de *marche*, les Grenadiers ſe forment le coup-d'œil, à la diſtance qu'il eſt néceſſaire qu'ils obſervent pour tourner quatre.

Pour ſe remettre par le *tourne à moi*, ceux qui ont marché ſoutiennent, & doivent ſurtout ne pas oublier de porter la tête de leurs Chevaux du côté où ils ont ſoutenu, afin, comme je l'ai dit plus haut, de ranger la croupe & faire place à ceux qui doivent se former à côté d'eux.

Il est toujours indispensable de faire des poses d'un commandement à un autre.

III.

A droite & à gauche par demi rang, formez deux Escadrons : marche, tourne à moi.

Cette manœuvre est la même que les deux premieres, excepté qu'elle se fait par demi Escadron, & que la droite fait *à droite* par quatre, & la gauche *à gauche* aussi par quatre. J'ai dit dans l'article précédent la façon de faire les *à droite* & les *à gauche*, ainsi il est inutile de le repeter. Celui qui commande doit observer de ne point faire marcher les deux Escadrons, qu'ils ne soient bien formés, sans cette

attention, les rangs qui n'auroient pas eu le tems de se former, marcheroient très-mal &
en écharpe.

Les deux Escadrons doivent
marcher d'un pas égal, & se
remettre diligemment au *tourne
à moi*.

I V.

*A droite & à gauche, reformez
l'Escadron, marche, tourne à moi.*

A ce commandement l'Esca-
dron de la droite fait *à gauche*,
& celui de la gauche fait *à droite*.
Quand ces deux Escadrons
sont formeés, ils se font face ;
celui qui commande les fait marcher, jusqu'à ce qu'ils soient à
la distance qu'il faut pour tourner huit, & les fait rejoindre
par un *tourne à moi*.

V.

Demi tour à droite, marche, tourne à moi.

C'eſt une erreur de croire qu'il faut précipiter ce mouvement, il faut au contraire l'exécuter au pas, portant en avant les Chevaux de la main & des jambes, ſans leur donner de l'éperon; par ce moyen & en ſuivant ce que j'ai dit pour les *à droite* & les *à gauche*, on tournera juſte, & l'on regagnera au-delà du tems qu'il auroit fallu employer à ſe redreſſer; car il eſt certain qu'on perd plus de tems en ſe preſſant trop, que lorſqu'on fait les choſes avec modération.

Comme après ce commandement on fait marcher l'Eſcadron, s'il se trouvoit quelque petit défaut, il sera aisé de le corriger en marchant.

Il faut aussi se remettre par la droite & au pas pour éviter les inconveniens dont nous venons de parler ; de cette façon les Chevaux ne souffriront pas, & les hommes ne courront pas risque de se blesser ou de s'arracher quelque chose de leurs équipages.

V I.

A droite & à gauche, par tiers de rang, formez trois Escadrons : marche, tourne à moi.

Cette manœuvre est la même que celle des deux Escadrons, excepté que celui du milieu reste de pied ferme, & doit servir de point-de-vûe aux deux autres pour s'aligner.

VII.

VII.

Marche tout.

A ce commandement les trois Escadrons se mettent en mouvement ensemble & bien alignés.

VIII.

Escadron du milieu , halte , Escadrons des aîles demi tour à droite , marche , Escadron du milieu , marche, demi tour à droite : marche.

A ce commandement l'Escadron du centre fait *halte*, & ceux des aîles font *demi tour à droite & marchent* très - doucement , se regardant avec attention pour marcher à même hauteur ; ensuite l'Escadron du milieu fait son *demi tour à droite & marche* aussi très - doucement.

S

I X.

*Tourne à moi Escadron des aîles,
Escadron du milieu tourne à moi,
halte tous.*

Il faut que les Escadrons des aîles se remettent diligemment, & que celui du milieu marche toujours, jusqu'à ce que celui qui commande, l'ait laissé arriver sur la même ligne des deux autres ; alors il le fait remettre & fait faire *halte à tout.*

X.

A droite & à gauche, reformez l'Escadron, marche, tourne à moi.

Les deux Escadrons de la droite & de la gauche font à droite & à gauche, & se rapprochent jusqu'à la distance conve-

nable, pour tourner quatre &
se remettre.

X I.

*On fait après le mouvement pré-
cédent un demi tour à droite, marcher & se remettre.*

Nous avons dit plus haut
comme il faut s'y prendre pour
le bien faire.

X I I.

*Dernier rang à droite & à gau-
che, doublez en avant sur les aîles,
marche.*

Pour exécuter ce commandement la partie droite du dernier
rang fait *à droite par quatre*,
la gauche fait *à gauche*; les quatre
premiers qui débouchent par la
droite & par la gauche, doivent
laisser entre l'Escadron & eux

la place de quatre pour le ſecond
rang qui les ſuit ; le troiſiéme
rang vient ſe former derriere le
premier, laiſſant auſſi par conſéquent la place qu'il faut au
quatriéme rang pour ſe former
derriere le ſecond.

XIII.

*Dernier rang qui avez doublé :
marche.*

A ce commandement les deux
petites Troupes que forme le
dernier rang, marchent en avant
des aîles de l'Eſcadron, obſervant de ne s'en éloigner que de
quatre pas.

XIV.

Marche l'Eſcadron : halte tout.

L'Eſcadron marche avec les
deux petites Troupes qui ſont

en avant des aîles, & le tout fait *halte* au commandement.

XV.

Escadrons des aîles à droite, & à gauche, reprenez vos rangs : marche.

Ce mouvement doit s'exécuter très-légérement. Il faut que l'Escadron de la droite, fasse *demi tour à droite*, & l'Escadron de la gauche, *demi tour à gauche*, & aillent diligemment reprendre leur rangs, observant que ce sont *les derniers rangs*, qui doivent déboucher les premiers. Ensuite le *troisième*, le *second*, & le *premier*. La partie de la droite achéve son *demi tour à droite*, & celle de la gauche, son *demi tour à gauche*, pour se remettre aux chefs de file.

XVI.

Demi tour à droite ; marche ?

XVII.

Je parle au dernier rang qui étoit le premier : tourne à moi. Présentez vos armes, en joue, feu ; retirez vos armes.

XVIII.

A droite & à gauche par demi rang, gagnez la tête de l'Escadron : marche.

XIX.

Dernier rang qui étoit le second ; tourne à moi.

XX.

Présentez vos armes, en joue ; feu : retirez vos armes.

X X I.

A droite & à gauche par demi rang, gagnez la tête de l'Escadron : marche.

X X I I.

Je parle à tout l'Escadron : tourne à moi.

X X I I I.

Premier rang ; présentez vos armes, en joue, feu : retirez vos armes.

X X I V.

A droite & à gauche par demi rang ; gagnez la queue de l'Escadron : marche.

Il n'est question pour bien exécuter cette manœuvre, que de bien tirer ensemble, d'être di-

ligent à faire face, & de se réformer promptement. Je crois
qu'il n'est pas hors de propos
d'expliquer la maniere dont les
droites & les gauches du rang
qui a fait feu , doivent se réformer.

Lorsqu'un rang a fait feu, il
fait *à droite* & *à gauche* par quatre & par demi rang , & va
très-légerement regagner la tête
de l'Escadron qui marche toûjours.

Les quatre premiers de la
droite & de la gauche, se forment en arrivant , & un peu
en avant de l'Escadron , afin de
laisser le terrein qu'il faut à ceux
qui les suivent , parce qu'il faut
qu'ils passent derriere ces premiers pour reprendre leurs rangs.

XXV.

X X V.

Marche.

Doucement la droite & la gau-
che de l'Escadron : marche les ailes
du demi rang : halte.

Ce commandement se fait
quatre fois, & à la quatriéme
les deux Escadrons ont fait la
caracole entiére & se rejoignent.
L'Escadron formé marche quelques pas, & le Commandant
lui fait faire *halte.* Cette manœuvre est la plus utile de l'Exercice. En la répétant souvent,
elle apprend à parfaitement faire
la caracole, qu'on doit regarder
comme le mouvement dont on
se sert le plus devant l'ennemi.

J'en ai parlé suffisamment
plus haut, j'y renvois les Grenadiers, ils trouveront tout ce

T

qu'il faut pour bien exécuter cette évolution.

XXVI.

Pour former quatre Escadrons ; supposant chaque rang de trente-six.

Prenez-garde à vous.
Les douze files de la droite & de la gauche, à droite & à gauche ; ce qui reste du dernier rang, demi tour à droite : marche tout, halte.

Pour former avec précision les quatre Escadrons, il faut que les douze files de la droite fassent *à droite par quatre*, celles de la gauche, *à gauche par quatre* aussi, & que les douze Grenadiers qui forment le dernier rang de l'Escadron du milieu ou de la tête, fassent *demi tour à droite.*

Au commandement, ces quatre Troupes marchent devant elles, mais à très-peu de distance l'une de l'autre, & font *halte*, dès que celui qui commande le juge à propos.

XXXVII.

A droite & à gauche, réformez l'Escadron : marche, tourne à moi.

Pour se remettre juste, il faut que l'Escadron de la droite, celui de la tête ou du centre, & le troisiéme rang de cet Escadron, qui forme celui de la queuë, fassent tous les trois *demi tour à droite*, & celui de la gauche, *demi tour à gauche*. Tout marche pour se rejoindre, observant les distances qu'il faut pour se remettre par *un tourne à moi*.

T ij

XXVIII.

Pour défiler par le centre.

Marche les quatre du centre du premier rang ; premier rang à droite & à gauche : marche.

Marche les quatre du centre du second rang ; second rang à droite & à gauche : marche.

Marche les quatre du centre du troisième rang ; troisième rang à droite & à gauche : marche.

Halte : en bataille.

Cette manœuvre est très-nécessaire quand marchant par Escadron, on a un défilé à passer.

Pour qu'elle soit bien exécutée, il faut que dès que les quatre du centre de chaque rang se sont mis en mouvement en avant, ce qui reste du rang, fasse *à droite & à gauche* par deux, & se

metre en colomne, ayant grande attention de bien s'aligner fur
les chefs de file, & de marcher
de très près, évitant pourtant
de donner des atteintes aux Chevaux qui font devant eux.

Celui qui conduit la colomne, doit marcher très-doucement, & bien droit.

Pour fe remettre en Bataille,
cela fe fait par le centre de chaque rang en fe déployant par la
droite & par la gauche de la têta
de la colomne que forme chaque
rang. Les aîles des rangs qui en
formoient la queuë, doivent
partir diligemment pour former
l'Efcadron.

X X I X.

Demi tour à droite : marche ?
Baiffez la main : prenez garde à
vous : tourne à moi : marche tout :
halte. T iij

Pour qu'il ne se mette point de confusion & de désordre dans ce mouvement, qui est assez difficile à exécuter, il faut que les Grenadiers au commandement de *baisser la main*, s'ébranlent d'abord au trot, & ensuite au petit galop, n'abandonnant jamais leurs Chevaux. Les rangs bien alignés, & lorsque le Commandant les avertit, en leur disant, *prenez garde à vous* ? Il faut retenir les Chevaux dans la main, aller plus doucement, afin d'être en état de se remettre au *tourne à moi*.

X X X.

Pour border la haie.

Premier & dernier rang, à droite & à gauche : marche, tourne à moi.

Marche tout : halte.

Lorsque le premier & le dernier rang auront fait *à droite &* *à gauche*, pour s'étendre des deux côtés, il faut qu'ils marchent le plus près qu'il sera possible du second rang, qui reste de pied ferme, observant avec beaucoup d'attention les distances pour tourner par quatre, & pour se remettre.

X X X I.

Premier rang, marche. Second *rang, marche : halte.*

Premier & dernier rang à droi- *te & à gauche : marche, tourne* *à moi, marche tout : halte.*

Ce mouvement est le même, excepté que ce qui a fait *à droi-* *te*, doit faire *à gauche*, & que ce qui a fait *à gauche*, doit faire *à droite.*

XXXII.

Pour ſe mettre en colomne à droite par Brigades, par un quart de converſion.

Bride en main les droites : marche les gauches.

XXXIII.

Pour réformer l'Eſcadron, ou pour marcher en colomne renverſée par la gauche.

Bride en main les gauches : marche les droites.

Cette façon de ſe mettre en bataille, de ſe rompre, & de gagner du terrein, ſoit *à droite*, ſoit *à gauche*, eſt d'autant meilleure qu'elle eſt ſimple, & qu'elle ſemble faite pour les Grenadiers, puiſque ce n'eſt autre choſe que le quart de converſion de

l'Infanterie. Pour bien exécuter
ce mouvement , il faut que les
files foient bien ferrées.

Que le fecond & le troifiéme
rang fuivent le premier toûjours
de très-près , portant la tête des
Chevaux du côté qui tourne ,
afin de ne point s'écrafer, & de
donner au centre & à la partie
qui foûtient la liberté d'agir.

Ceux qui foûtiennent doivent
être bien attentifs à faire le pivot fans avancer, ni reculer :
cela eft de la derniere conféquence dans ce mouvement qui demande beaucoup de précifion.

Il eft néceffaire que les Grenadiers remarquent avec attten-
tion, dès que la colomne eft for-
mée, la diftance qui fe trouve
d'une Brigade à l'autre , afin de
fe faire le coup d'œil , & de ne
prendre que ce qu'il faut de dif-

tance d'une division à l'autre
pour se remettre en bataille par
le quart de conversion.

Ceux qui soûtiendront quand
on se remettra en bataille, ne
doivent pas surtout oublier de
porter la tête de leurs Chevaux
du même côté, où ils auront
soûtenu, afin que les croupes
se rangent & faſſent place à ceux
qui viennent se former à côté
d'eux.

FIN.

Nota. *A la fin de ce petit Vo-*
lume, j'ai fait mettre une Planche,
par le moyen de laquelle les Grena-
diers, en s'amuſant apprendront à
connoître toutes les parties extérieu-
res du Cheval par leurs noms.

l'Ava
le Fro
les Tem
les Sa
la Gar
les Le
les Na
le Bou
le Men
la Bar
l'Enco
la Crin
le toup
le gos
le Gar
les Epa
le Poitr
le Coud
le Bras
l'ars.
la cha
le Gen
le Cano
le Nerf
le boul
le fano
le Patu
la Cour
le Sabo
les quar
la Pinc
le talon

l'Arriere - main.

la Coupe . . . . 37.

le tronçon de la queue 38.

les Fesses . . . . . 39.

les hanches . . . . . 40.

le grasset . . . . . 41.

les Cuisses . . . . . 42.

le Jarret . . . . . 43.

la chateigne . . . . 44.

la pointe du jarret . . . 45.

l'Avant-main.

le Front . . . 1.
les Temples . . . 2.
les Salieres . . 3.
la Ganache . . 4.
les Levres . . 5.
les Nazeaux . 6.
le Bout du nes 7.
le Menton . . . 8.
la Barbe . . . 9.
l'Encolure . . . 10.
la Criniere . . 11.
le toupet . . . 12.
le gosier . . . 13.
le Garot . . . 14.
les Epaules . . 15.
le Poitrail . . . 16.
le Coude . . . . 17.
le Bras . . . . 18.
l'Ars . . . . . 19.
la chateigne 20.
le Genou . . . 21.
le Canon . . . 22.
le Nerf . . . 23.
le boulet . . . 24.
le fanon . . . 25.
le Paturon . . 26.
la Couronne . . 27.
le Sabot . . . 28.
les quartiers . 29.
la Pince . . . 30.
le talon . . . 31.

le Corps.

les Reins . . . . 32.
les Rognons . . 33.
les Cotez . . . . 34.
le Ventre . . . 35.
les Flancs . . . 36.

l'Arriere-main.

la Coupe . . . . . . 37.
le tronçon de la queue 38.
les Fesses . . . . . 39.
les hanches . . . . . 40.
le grasset . . . . . 41.
les Cuisses . . . . 42.
le Jarret . . . . . 43.
la chateigne . . . . 44.
la pointe du jarret . . 45.

l'Avant-main.

TABLE
DES CHAPITRES
ET DES MATIERES.

CHAPITRE III.

CHAPITRE IV.

CHAPITRE V.

CHAPITRE VI.

Fin de la Table.

www.ingramcontent.com/pod-product-compliance
Ingram Content Group UK Ltd.
Pitfield, Milton Keynes, MK11 3LW, UK
UKHW020239180726
13839UKWH00001B/57